严华银——

著

教育原乡

寻-根-与-展-望

大夏书系·教育常识

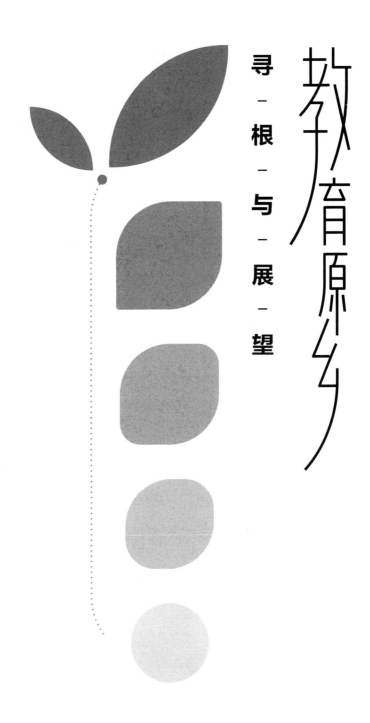

 华东师范大学出版社

ECNUP

全国百佳图书出版单位

·上海·

目录

教育：科学还是文学（代序）

一

提出这一问题，完全是基于这十余年间的学校现象和教育事实。

"转型"期的教育呈现出史上从未有过的多彩和丰富：一方面，十分"顽强"的应试，蚕食鲸吞掉"立德树人"的时空，把大量学校的教育教学裹挟至一个方向、一条思路，甚或一种价值：学科成果、考试分数、升学比率；一元、线性、平面，单向度、机械化，是其共性；几乎可以说，学校千张面，万家一条心。但另一方面，几乎所有的学校，又都在"拼命"追求确立独具个性的办学理念和教育价值观，在某些教育行政比较强势的区域，每一所学校都必须有自己的个性和特色。于是，在大量校长的竭力努力下，在大量专家的专业支持下，千姿百态的教育理念和教育价值观被"炮制"出来，真可谓"一校一主张""一校一价值"，有点像当年日本农村建设中的"一村一品"。迄今为止，整个中国，究竟有多少办学理念、教育价值观，我想一定是个天文数字。与此相关联，学科教学领域也风起云涌，仅以语文学科为例，全国比较有名头、被各类媒体推荐报道过的语文教育观，应该有成百上千之多。

更有甚者，近年来还出现了另外的一些怪象。比如，当有人质疑一些所谓的教育观或者学科教育理念的科学性问题时，会有某些专家出来帮助解围。解围的套路，通常是对已经确立为某校教育价值观的概念进行"为我所用"的解释。这样的解释，大多是屏蔽掉与我不相关的，妨碍我的核心意图的部分，仅仅保留我需要的，能够表达我的教育理解的部分。

于是，在不少学校甚或在一些小学，其文化墙上呈现本校的包括教育价值观在内的文化时，还会附上一系列"注解"，以防止一般人理解时的"偏失"。所谓"偏失"，就是对其核心概念的理解与他们"确定"的内涵不一致。

这样的现象，这样的矛盾现象，至少表明当下教育教学，身处其间、勉力支撑的一批校长、优秀教师、教育行政甚或专家学者寻求变革、寻求突破的迫切之心。其意义和价值显然是正向的，应该受到表彰和鼓励。

问题是，疑惑也随之产生。这里至少有三个绕不过去的究问：

教育价值观、办学思想和理念真的可以任意地"各自表达"？

某一学科教育的思想和价值真的可以抓住某一小点、一个局部，"不及其余"地固化着"宣示"？

而一个通行的概念，其约定俗成的固有的内涵，可以不可以任意由某一校长、某一专家随意地解读、任性地"规定"呢？

二

由此想到，这20年间曾经轰轰烈烈的课程改革，课改中流传深广、几乎深入人心的理念和口号，有很多不仅今天而且当时令很多一线老师深感触目惊心：

比如，对于课程的理解，许多人引经据典，将数十上百种"学术见解"一一列举，还分别阐释，弄得被培训的老师如坠云里雾中。其中流传最广的要属"课程就是跑道"，让一些不明就里的老师和校长如获至宝，从此到处言说课程的"神乎其神""神通广大""法力无边"。但就是很少有人告诉我"课程"究竟是什么，课程究竟怎么建设，课程改革究竟怎么改。

比如，在课改中，经常有专家口吐莲花，一会儿说"课改"就是"改课"；一会儿说"课改"的主战场就是课堂。问题是，课程改革作为一项整体工程，怎么一下子就变味为"改课"，那不是叫"课堂改革"了？如果说主战场就是课堂，那我们还要学校、还要校本课程、还要教学资源建设干什么？

　　比如，对于课改之后很多学校价值、教育价值、人才培养的目标定位都有许多十分新鲜的表达。像"办孩子喜欢的学校""做最好的自己""为了孩子一生的快乐""为孩子一生的幸福奠基"等，乍一看来，似乎"一切为了学生"，真的以学生为中心；但问题是，教育是不是就只该围绕着孩子"自己"、他们的个人"快乐"和一己"幸福"而努力劳作？当我们大量的家庭早已把孩子当作"皇帝"，而且已经养成了只知道"自我"的"皇帝"的时候，我们的学校教育还不断地"锦上添花""火上浇油"助长其势，会不会将一个个"龙种""造就"为"跳蚤"？

　　比如，课改之后课程领域推出的"综合实践活动"课程，原本是多么富于创意，几乎可以作为打破应试的推进"神器"的一门课程，其结果是什么？大量学校将这样一门"综合"了"实践"和"活动"的典型的生活化课程，完全演化为在课堂中甚或在电脑上就完成的课程，这一事实本身几乎就是一幕学校教育的荒诞剧。

　　比如，一些学校为了推进"小组学习""合作学习"，公然在校园里打出大幅标语，宣示"孤独可耻"。殊不知，这世界上，如果少了历史上那些在青灯枯坐的孤独中冥思苦想的先知先哲、圣贤君子、科学巨人，我们何来如今的现代便捷的生活、优雅高尚的文明、直抵灵魂的哲思？把一种原本只是人类学习的补充方式无限升格为主要甚或唯一方式，仅仅只是为了集体、班级和学校的学科分数的大面积提升，而全然不顾生命个体尤其是优异个体的个性成长和发展，这种"削峰填谷"的教学主张，反人性、反个性，也是长期以来杰出人才难以脱颖而出的原因之一。

　　哪里只有这些？这许多年来，从某些专家的引领发端，学校教育呈现出史上从未有过的教育大跃进，理念唯恐不新，口号唯恐不响，思想唯恐不亮，思路唯恐不够大胆，策略唯恐不够猎奇，方法唯恐与人雷同，在一些地区，在不少学校，校长和老师们成为一批批教育的浪漫主义者，移植文学，穷极想象，天马行空，独往独来，学校教育真的是"群雄竞舞""万花争艳"。

大量学校在"文化建设"的旗号下，价值观和价值观的表述的猎奇求艳，真的是"语不惊人死不休"。学校课程建设中也是千奇百怪，真的是异想天开，为所欲为。

这样的理念和思想必然反映到学科教学中，仅以语文教学为例，短短的十余年间，涌现出的有口号和所谓理念包裹的语文"模式""流派"，其名头之大、声势之响和数量之多，冠绝古今中外，成为语文教育史上的一大奇观。这是语文教育的"繁荣"还是"堕落"，一时可能还难有定论。

三

这种种现象和迹象，让我们这些教育内外与教育有着或深或浅的关系的人们不禁产生一个重大的疑惑：这教育究竟是什么？

文学吗？这 20 年间，我们的教育改革、课程改革的倡导者、践行者，我们的理论家和实践家，似乎达成默契和共识，就是要将教育做成文学。

什么是文学？

按照词典的解释，文学是语言文字的艺术，是社会文化的一种重要表现形式，是对美的体现。文学作品是作家用独特的语言艺术表现其独特的心灵世界的作品，离开了这样两个独特性就没有真正的文学作品。

文学最大的特点，就是铺陈、敷衍、变形、夸张；就是虚构、联想、想象。它需要现实，需要基础和基点，但更要大胆、浪漫的想象，天马行空，任意东西；无所顾忌，纵横古今。文学重要的特点就是思维的灵动、跳跃，不确定，不稳定。文学一旦成为文学，就不受控制，连作者本人也难以左右文学的命运和结局。因为优秀的文学从来都可以多元理解和阐释。有人甚至说，文学、文学形象是作者和读者共同创造出来的。所以才有一千个读者就有一千个哈姆雷特；所以才有这有史以来阅读学者们创造出来的各种各样的文学流派、文学解释流派。可以说，不确定性，恰恰是文学的典型特征之一。

通过教育我们常常可以培养出文学家和创作优秀的文学作品，因为学校教育中有文科理科之分，文科中必然包括文学教育。但教育的主要价值不在这里。那么，什么是教育呢？

我国传统的教育理解是："大学之道，在明明德，在亲民，在止于至善。"

美国的杜威说："教育即生活。"

英国的斯宾塞说："教育为未来生活之准备。"

陶行知先生认为："生活即教育。"

当下我国共识的教育观就是："立德树人。"

合言之，所谓教育，就是根据一定社会的现实和未来的需要，遵循年轻一代身心发展的规律，有目的、有计划、有组织、系统地引导受教育者获得知识技能，陶冶思想品德，发展智力和体力，把受教育者培养成为适应一定社会（或一定阶级）的需要和促进社会发展的人的一种活动。

以此来观察和分析教育，我们就会发现其主要的功能和价值就在于：

（1）教育的最首要功能是促进个体发展，包括个体的社会化和个性化。

（2）教育的最基础功能是影响社会人才体系的变化以及经济发展。现代社会重教育的经济功能主要包括：为经济的持续稳定发展提供良好的背景；提高受教育者的潜在劳动能力；形成适应现代经济生活的观念态度和行为方式。

（3）教育的社会功能是为国家的发展培养人才，服务于国家的政治、经济发展。

（4）教育的最深远功能是影响文化发展，教育不仅要传递文化，还要满足文化本身延续和更新的要求。

从上述分析中，我们可以推断和判定教育的基本特征：一是生产性；二是发展性；三是科学性。

也就是说，教育是科学，不是文学。无论是学校教育，还是其他与人的成长相关的社会教育、家庭教育和自我教育，都必须在满足教育的共性需求过程中，发展教育对象的个性。稳定的共性追求，是教育作为科学的基本特征。任何片面强调所谓自我和个性发展，忽视人类生存共性需求和一国教育共性需求的教育，都是不足取的，或者说与人类文明的步履背道而驰。也就是说，把教育视为文学，违背科学、不顾规律、肆意妄为，定然会招致极端的恶果。

这许多年来，功利、极端的应试畅行，某些"改革"价值观的偏失，家庭和社会市侩哲学的泛滥，使得不少人的小我、"自我"夸张式膨胀，"专门利己"的私欲甚嚣尘上，"高智商的精致的利己主义者"层出不穷。在家庭，在中小学，在名牌大学，青少年挥拳、举刀，向自己的老师，向自己的父母、祖父母，这样的灾难性事件，已经不止一次出现。其中，20余年的教育，其价值观问题、教育文化和学校课程问题，都该作出深刻的反思。

很多年前，我就呼吁，让语文安静，让学校安静，让教育安静。我的目的是：安安静静教书，安安静静育人，安安静静读书治学，安安静静深思反思，这才有教育的科学，才有科学的教育，唯此，才有高品质人才的茁壮成长，并最终脱颖而出；解任正非之急，答钱学森之问，释李约瑟之疑，才有希望真正实现中华民族的伟大复兴，成就历代国人心中的"中国梦"。

而其中，教育人和其他国人的静心思教、安心培育，可能比什么都重要。

| 第一辑 |

审问生活

人类未来究竟听谁的？

在咱们中国，我们平时听谁的？这不是问题。小时候，在家里，听父母的、长者的；在学校，听老师的；逐渐长大，有了单位和组织，听领导的，听有经验的老师傅的。稍稍有些个性、主见和理性思维的，常常会有些"怪想"和"怪论"：为什么总是听信他人？我为什么就不能听我自己的，我的事情我做主？于是就有一句话，叫作"遵从自己的内心"。遵从内心，从来是人类的理想，但在当下的中国，真正做到有个性、能独立、有主见的实在少之又少。你从这许多年来，大地上"粉丝"的"疯行"就可窥见其详了。

这说的是现实。但未来呢，在"已来"的未来，我们会听谁的呢？

很多人畏惧开车，主要是因为找路困难。晕头转向，找不着北，是许多初学开车的人都经历过的"痛"。导航仪的普及，使得开车变得越来越简单、放松、爽快、大胆。坐上车，还未发动车，先打开导航仪，几乎是每一个开车人的标准仪式。不熟悉、未去过的地方也就罢了，即便是不知去过多少遍的地方，似乎是下意识的，也得开着导航仪，否则似乎就不踏实，若有所失。到国外，坐着留学生的车外出，按照中国人的习惯和思维，总会情不自禁地问：朝哪个方向开？而听到的常常是莫名的惊诧：方向？我也不知是哪个方向？似乎人家就没有东南西北的概念。跟着导航仪走，好像当年我们高唱"跟着感觉走"，现下的感觉就是"导航仪"。

说白了，在开车这件事情上，人类现在听谁的？不听他人的，不听自己的，也不听地图的，就听"导航仪"的。导航仪实际是借助了人工智能的原理，是一种地理和方向的"定位"系统。

何止是开车，生活中的"粉丝"们，其习惯、行为和思维方式不也是听命于他人，唯"粉主"是瞻吗？

有科学家对于未来，特别是生物技术、人工智能、量子计算技术不断升级并且联姻"整合"的未来，又有了崭新的想象、描述和预测。

不久的将来，人类身上极有可能都将随身"附带"一个叫"生物传感器+量子计算"的装置，说白了，也就是层次极高的"人工智能"。一个人平时的生活，生活中的言谈举止、思想行为、喜怒哀乐都会被"传感器"滴水不漏地记录下来，这就是"海量数据"了；"她"会毫不犹豫地实时地传送给"计算机"，计算机则会用极快的速度——远远超过人脑反应"运算"的速度——加以综合"运算"处理。于是，一个改变人类的奇迹和故事产生了，那就是，"外挂"的附着于人体的"她"，综合处理你的"海量数据"的速度是人脑的数十倍甚或千百倍，其获得的结果、结论也比人脑精准得多。于是，依据"优胜劣汰"原则，人类未来将会毫不犹豫地"抛弃"自己的大脑，一意孤行地听从、遵从、顺从一个叫"算法"的怪物！

尽管大脑依旧，但它不如计算机好使；尽管思维仍在，但它比不上"算法"精准；尽管还有"反应"，但它赶不及人家"迅捷"。这时候，我们就很好理解"粉丝"了：无自我，不独立，少思想，总是遵从、依附，向来跟风、赶潮，人云亦云，一辈子就不知道自己是谁属于谁。这也好啊，无抉择之烦苦，有麻木之"轻松"；说白了，所谓"粉丝"，就如顺风翻飞的蓬间雀，就是行尸走肉的代名词。

当"算法"主宰人类，当活生生的生命个体全都听从"算法"，人类还是人吗？还是具备人类基本特征——能思维有思想的灵性生命吗？答案是显然的。

尽管如此，我仍坚信总有那么一天，随着"人类"观察、学习、经历、体验，或者某一场景的重现，或者某一故事的上演，又或者某一人事的遭际，强烈的刺激，慢慢的唤醒，先知先觉者会如同古希腊的先哲一般怀疑、追问：我是谁？我从哪里来？我的家园在哪里？我如何找到回家的路？

于是，人类开始逐渐觉醒，开始苦苦探寻。向人工智能学习，学习其深度学习；向量子计算学习，学习其快捷、精准。尤为重要的是，在这一过程中，我们会逐渐修复我们丧失已久的"理性"。

最终还是得依靠思维"理性"，我们可以精准地走上回家的路，并最终回家，直至回到"人"本身。

"朋友圈"里有没有朋友?

　　互联网与人工智能之联姻,一下子超越甚或逆转了时空。人与人之关系从未有过这样的亲近和直接,这样的简单和快捷。最能代表这种改变的,是"微信群"。曾经有一同行,多年前就夸说有60余个"朋友圈"。听罢大惊,以为人非圣贤,焉能同时与这许多"朋友"交往交流?莫非哗众取宠?后来知道,这说的是"微信群"。所谓"朋友",实际是"群"内有所交集者。只是偶尔遇上,偶尔来往,在群内隔空说过三两句不痛不痒的"咸淡"话语,就称之为"朋友",我总觉得有点别扭,觉得辜负了这一称谓约定俗成的内涵。

　　这不由让我想到当年的央视芮姓"名嘴",因为偶然,采访过一些国家的领导人,便在公众场合利用公共平台大肆招摇,言必称我的"朋友"某总统,某总理,一时气焰熏天,唬住不少男女。待到该"大嘴"东窗事发,才识得其拉大旗作虎皮的小人狡诈。其所谓朋友,原来是其坐在家里异想天开的一厢情愿,其厚颜无耻堪称当代一大奇葩。

　　由此,联想到历史上关于"朋友"的变异的称谓,比如"朋党",比如"酒肉朋友""狐朋狗友"。也就是说,在朋友交往问题上,稍有不慎,就会"豁边",就会变形,就会走向事情及其初衷的反面。

　　多年前一位作家朋友一本正经地对我说,一个人一辈子交往的成千上万的人中,最终能成为真正的朋友的,永远都不会超出个位数。这不由得不让人重新审度可以称为"朋友"的这类人群。

　　什么是朋友?朋友是指在任意条件下,双方的认知在一定层面上关联在一起，不分年龄、性别、地域、种族、社会角色和宗教信仰，符合双方的心理认知、可以在对方需要的时候给予帮助的人。双方心理契合度更高时，可称为知己。这样说来，所谓朋友，应该是因高山流水而成为朋友的俞伯牙、钟子期，互相理解、心心相通，是为"知音"；应该是虽经磨难和曲折，却可以为大义摒弃前嫌，化干戈为玉帛的廉颇、蔺相如，意气相投、价值观相同，是为"战友"。所谓友情，应该是"劝君更尽一杯酒，西出阳关无故人"的赤诚相待；应该是"莫愁前路无知己，天下谁人不识君"的真情宽慰；应该是"孤帆远影碧空尽，唯见长江天际流"的默默怀思。

因此，朋友，不是咋呼招摇，靠"酒肉"胡来的"同伙"；不是被利用，被招手即来，以"贴金"和装潢的油彩门面；不是以"粉丝"自诩，浅薄得聊以充数的"滥竽"。这几年大行其道的"粉丝"，闻之总觉别扭，总让我想到庄子描写过的扎堆于"蓬草"之间的鸟雀，草荣则结伴而至，草枯则弃之而去，无原则，无精神。粉丝和粉丝的追逐者几乎是生意场上的"伙伴"，为利而来，为利而往。无管宁割席之大义坚守，更无鲍叔荐友的肝胆相照。

这就很好理解，曾经坚信"海内存知己，天涯若比邻"的王勃为什么终会感慨"关山难越，谁悲失路之人；萍水相逢，尽是他乡之客"。历经沧桑，才深悟到"千古知音最难觅"。

不知这是不是绝对，反正，当年血气方刚如我，豪爽慷慨，斩钉截铁，走南闯北，风生水起，一时尽交名流豪杰，还赢得了语文"剑客"的教育美誉；现如今却越来越发现，这一位作家朋友真是"曾经沧海"，真正是"一语点醒梦中人"。当时光荏苒，勇武不再，繁华落尽，名利退去，在大大小小的"圈"里"群"中，邀你、要你做得最多的，要么是网上为之投票，不断地投票；要么是强索点赞，拼命地点赞。看到、听得最多的，要么是土豪富贵，要么是小资情调，炫耀、张扬、狂躁，是其主旋律。其中，多的是赤裸裸的急功近利，少的是硬挣挣的深情厚谊。我越发惊叹作家朋友的思维之深刻，眼光之老辣。

本文还未写完，手机铃响，群里信来，还是欣欣然接看，忙忙然回复，通讯录里三千"名姓"，微信群中万余"关系"，我等凡夫俗子，原来就是这样为"群"所困，为"圈"所拘，虽然是明火执仗的"绑架"，但也还是心甘情愿地"入伙"。终于明白，这"圈"中的"群"，差不多就是那不带政治色彩的"团团伙伙"。

说白了，"朋友圈"就是一"圈"，真的与朋友无关。

"孤独"是智者最好的朋友

听过一个关于"孤独"的奇特的判断,是一位初中校长作出的,而且是在公开的场合。他说,这一判断也是他所在的学校激励和鼓动孩子参与"集体""团队""组织"活动的"动员令"。这一判断是"孤独可耻"。乍听愕然,再思则讶然:"孤独"何至于"可耻"呢?

"可耻"之义不言自明;"孤独"之义则有必要细究。从心理学角度讲,孤独是一种主观自觉与他人或社会隔离与疏远的感觉和体验,而非客观状态;是一个人生存空间和生存状态的自我封闭,孤独的人会脱离社会群体而生活在一种消极的状态之中。从词语的使用看,孤独可以解释为"孤立无援,孤单无助",也可以解释为"只身独处,孤单寂寞"。无论是心理学意义上的理解,还是使用过程中延伸的意义,还是将它们分别附着于某些具体的生命个体,说这样的心理、这样的生存状态、这样的人本身"可耻",似乎怎么也说不过去,或者毫不沾边。即便是具有这样的极端孤独特征的"抑郁""自闭"症病人,我们也无论如何不可以给它们扣上"可耻"的帽子,否则因为这样的语言暴力导致极端的后果,那可是要承担重大的法律责任的。

实际上,作为一种特殊的心理现象,"孤独"几乎是每一生命个体一生中都无法回避无法摆脱的。可以说,孤独就是一个人生活的常态。因为任意一个人的绝大部分时间都是在孤独中度过的。睡眠、进食,思想状态、阅读状态、个体工作状态,进入老年时的绝大部分生活时段,这些几乎占据了人生的五分之四以上的时间。不知道这位校长怎么评价自己生命旅程中这五分之四时间的生活？你也认为这五分之四的生活"可耻"吗？

更为重要的是，纵观古今，所有的思想家、哲学家、科学家、文学家几乎都主要是在孤独状态中完成他们的重大发现、发明，创造他们的成果和成就的。古人说："吟安一个字，拈断数茎须。"又说："板凳要坐十年冷，文章不写半句空。"西哲也说，只有在那科学的崎岖道路上苦苦攀登的人，才有希望达到光辉的顶点。那拈断"茎须"，那十年"冷坐"，那"苦苦攀登"的幽幽独处，何其"艰难"！又何其奇伟！但若没有这些深处孤独的"英雄"们的静思默想、苦心孤诣，或者说在黑暗中的艰难寻求和不懈探索，可能今天的我们仍在穴居巢处，"茹毛饮血"。从这一意义而言，尽享先人福荫的我们真的应该衷心感谢先人曾经的孤独。

消除对"孤独"的偏见，有赖于阅读和思考。文学可以让我们更多地感受生活，体悟生命真谛；哲学可以让我们洞察人性，追寻本质。尽管组织、团队、群体可以让我们抱团取暖，尽管街舞、聚会、热闹可以提高生活的幸福指数，但真正的内在的丰富、心灵的纯粹、底蕴的厚重，还是来自每一个生命个体的主体自觉的静观、独品、深思、内省和自悟。如此，你会发现，孤独是人生至美的状态和境界，是成就辉煌的摇篮和温床，是优秀者至诚的伙伴和朋友。对"大成"者而言，可能最不能想象的也是最为可怕的事便是，生命中缺少了"孤独"……

孤独具有中性，它是一种"临界"的心理现象和特征。也就是说，稍有不慎，稍有走偏，稍有过度，孤独就极有可能走向"自闭""孤僻""抑郁"的病态。这是"消极"的孤独。那么，如何陪伴常态的孤独、消除消极的"孤独"？最好的办法也是阅读和思考。专注的阅读和思考，可以忘我，自然也就忘了"孤独"；阅读内容的润泽滋补，自可以改善心态，涵养情怀；思考内容的丰富深刻，自能够锻炼心智，增长理性。如此，消极的"孤独"因子，就难有发酵之源；天长日久，春阳映身，月华在心，谐和、圆融、通透这些优秀的情性和品格就会茁壮滋长，伴着积极的孤独心境，人生便越来越富有、广博、厚重、强大，有此，创造就自在其中了。

也说"无知者无畏"

"无知者无畏"是一句讽刺挖苦骂人的话。

相对于无限广博且无所不在和无所不用的知识世界而言，尤其是互联网和人工智能"联欢"的新时代，学习无时不可，无处不能，可说这世上本就没有什么"无知者"。一个两三岁的孩子可以比较娴熟地点触手机屏，寻到自己钟爱的动画和痴迷的游戏；而一个几乎从未上过学的老大娘，则可以十分轻松自信地使用微信支付，完成她的商品交易。当然，假如对"无知者"中的"知"给予学术上、专业上的界定，那就另当别论了。总之，事实一定是，在现实社会，没有谁愿意被别人拉进"无知者"一族。

"无畏"是说一个人"无所畏惧"，没有忌惮，什么话都敢说，什么事都敢做。甚至，下敢破地，上敢刺天，就是半个世纪前大地上风行的"人有多大胆，地有多大产""只有想不到，没有做不到""彻底的唯物主义者是无所畏惧的"一类。上述所言，尽管都是说"无畏"，但还是有所区别的。一类说的是形而上的道德和法律领域，强调为人处世要有规矩，要讲分寸，才可以实现人与人、人与社会、人与自然的和谐和发展；所以社会学者和道德学者总强调，人得有底线、天线和岸线。就是说，在一些时候，在有些问题上，就是该"不越雷池半步"。另一类说的是形而下的社会变革、物质生产、生活进步领域，意在不惧高调、突破，不畏困难、障碍，实现了对于常理、常规、常态的深度变革。假如这些归根结底指向的是发现、创新和创造，那么，这"无知者"的"无畏"不是有着很多可爱可敬之处吗？

与"无知者无畏"相反的，是"有知者有畏"。知道畏惧、敬畏，总能信守和坚守。假如仅限于"道德"层面自是好事，但若延伸至工作、生活，特别是物质生产层面，思维力、创造力发展发挥的层面，是不是也有问题呢？这"有畏"会不会就等同于"畏缩""怯弱""胆小""惰性""保守"甚或"畏首畏尾"呢？看我们学校教育中的反常现象：一个高中生课堂上的活动表现总是不如小学生和初中生；拥有高学历学位的书生常常如"君子"动口不动手。这就有问题来了：这"有畏"，是因为"有知者"的学问多了深了，本事大了高了不愿意置词，不屑于搭理，还是因为学问多或者学问过多，导致考虑时游移不定，反而不会选择、判断和解决？也就是说，有时候，在有些领域，在有些问题上，极有可能并不是学得越多，就能力越强，解决问题的本领越大。恰恰相反，大量的知识堆砌，反而限制、束缚了我们思维的畅通。

这样的例子，在世界文明史上尤其是科技发展史上并不鲜见。这就涉及另外一个问题，对于一个生活中的人而言，一个学习者而言，"无知"虽应遭谴责，但"有知"是否也应该有一个标准呢？知识有多少合适？是不是越多越好呢？是不是越多越有创造性？越多越深，成功的概率就越大吗？这之间是正相关吗？

这引发我们关于知识、知识与能力、知识与思维创造力、教育与人的发展等很多问题的思考。

如此而言，"无知者无畏"，"无知者"假如不是指完全的真正的"无知"，只是"少知"，是某些领域的"少知"，那么，这类人的"无畏"，倒有可能是突破的序曲，创新的先导，成功不可或缺的要素。

从"三省"说开去

年轻的时候，读《论语》中的句子："曾子曰：'吾日三省吾身：为人谋而不忠乎？与朋友交而不信乎？传不习乎？'"总觉得说得太深奥，太高大上，似乎与我自己没什么关系。是啊，我一还没机会为什么人出谋划策，二还没有什么交往很多的朋友。所以我就想，曾子所说的"三省吾身"应该是说给他人听的，有本事、干大事的人听的；除了温习知识，真的跟我无甚关联。

随着年岁的增长，经历的丰富，对生活、人生、社会的涉及面越来越广泛，认识也越来越丰富和深刻，终于发现，曾子所言，真正是把握了生命历程中最为关键的重要阶段，最为关键的重要事件。助他人之事，做他人朋友，以及"温习"所学，恰恰可以看出一个人待人接物的层次和素质，为人处世的格局和境界。这几个方面优异了，这个人的基本面、整体精神应该就没有问题；把握这几个方面，对一个人的判断就不会有什么偏差。总是坚持着在这些点上"省"视、"省"察、反"省"，反躬自问，自求进步，这不仅瞄准了方向，而且选对了策略。

当然，"三省"之"三"，是一个概数，概言其多，并非确指。虽然其句后的确谈了三个方面，也绝不意味着应该"反省"的就仅仅是这三个方面。也就是说，反省的对象和内容，可以是或者说应该是我们生活中已经发生的所有和全部。

问题是，"三省"之"省"，究竟如何开展？千古以来，似乎并无一定之规。比较流行的是"扪心自问"一说。夜深人静，青灯孤坐，或者卧床辗转，脑海里播放着白天的故事，心里回味着自己的言行，还可以想想别人对自己的评说和判断，纵横比较，细细审察，最终能够是其所是，非其所非。而且能够深究其前因后果，来龙去脉，而终至豁然开朗、光风霁月之境。这也就是专家学者所论的几乎任何人都可以有的"自我教育"了。

观央视综艺频道 2017 年 9 月 22 日的《艺术人生》，是主持人朱军与三位名演员对谈人艺、话剧和《茶馆》，其中两位演员的心得让我醍醐灌顶。

一位是宋丹丹。宋丹丹最难以忘怀著名话剧艺术家于是之先生。宋丹丹说，于是之老师演出《茶馆》时，突然忘词了，他反复向观众鞠躬、致歉。这带给我们的，是什么呢？是舞台的神圣感，艺术的神圣感。

宋丹丹从于是之先生的艺术表演的风范，感悟到了对于职业和专业的尊重和敬畏。宋丹丹演艺生涯中的不断成长、成熟和成功，应该说与她这种由人及己的比较"省思"的习惯是分不开的。

另一位是濮存昕。濮存昕积自己几十年演出的经历和经验，呈现了与宋丹丹不同的"省思"路向。他说："你即将退休了，你干了一辈子了，你觉得你演的角色，你对吗？"这是指向自己心灵深处的一种"自问""自责""自省"。

经由比较而思之，似乎多少带有一点"被动"的味儿。径直抵近自己的灵魂，像古希腊哲学家那样勇敢表达"认识你自己"，这样的主体自觉和自审，这样的深究和发现，是不是更有深度和境界，更有意义和价值呢？

成就"逆商"的关键在于知道自己要什么

几十年前，人们曾热衷于"逆境"出人才还是"顺境"出人才的争鸣，把人才成长的决定因素过多地归结为外部世界、客观条件，显然不全面。辩证唯物主义理论告诉我们：世间一切事物中，内因是变化的根据，外因是变化的条件，外因只有通过内因才会起作用。也就是说，决定一个人能否成为杰出人才的核心元素还是其内在动力。"逆商"便是这内在动力之一。

"逆商"，是美国职业培训大师保罗·斯托茨提出的概念，指人们面对逆境时的反应方式，即面对挫折、摆脱困境和克服困难的能力，类似我们习惯说的耐挫力。巴顿将军说，衡量一个人的成功标志，不是看他登到顶峰的高度，而是看他跌到低谷的反弹力。

反弹力，是对逆商的最为形象的表达，这真的说到点子上了。

上世纪 70 年代高考制度恢复时，我以应届生考入了一所师专。奇特的是，填报数学专业的我，居然被改录入中文系。虽莫名其妙，心存疑惑，但最后还是乖乖地读起了中文专业。进校后，记不清校方用什么样的淘汰机制，不费吹灰之力，剥夺了我选修英语的资格；虽心有不甘，十分不解，最终也还是默默地接受了这残酷的事实，只能眼巴巴地看着捷足先登的家伙有意无意、洋乎洋乎地显摆。毕业后分到家乡的县中，第二年就有机会参加本省师范大学本科函授考试，居然以高分通过，但又被县进修学校某校长以工作不满两年为由"阻断"。郁闷了很久，但也只能忍气吞声，以埋头教书相排遣。

这些事虽过去了几十年，但当年的一幕幕却一直如影随形：假如当初他人无端阻断我主攻数学、选学英语和进修本科之路时，我能奋起抗争，赢回权利，并且一路求索，不懈追求，现在的我，会是什么模样呢？在哪里？干什么？什么层次和地位？比现在优秀还是不如现在？

尽管人生没有回头路，正好比人不可以同时踏进两条河流。但"假设"和"想象"也可以让人回顾和总结，从而更好地面向现实和展望未来。而且，作为过来人的经历、经验和教训，对于后来者可能是最好的参照和镜鉴。

我当时的问题出在哪儿？当面对人生的重大选择时，尽管我有不满、不快、不如意，但关键是我似乎也不知道这些情绪、情感究竟源自什么。它可能只是眼看他人得益之后的瞬时的心理"失落"，而不是源自内在追求和理想未能实现而有的情感"崩溃"。之所以如此，是因为当时的我并不知道自己究竟想要什么，喜欢干什么，未来必须成为什么。

于是，短时的不快一旦平复，我的学习生活、教学生活，似乎又回到了这些事件发生之前的常态。

好在后来一个稀松平常的日子里，一位来自上海的全国语文特级教师，在我所在学校的初中部示范教学《一件小事》，引发轰动。我在大开眼界、满心震撼之后痛下决心：一定要做一位德高望重、名满天下的好教师。从此，我教育生活的方向和道路从未改变，虽历经不少"山重水复"，终归迎来层次不同的"柳暗花明"。

教育是什么？从某种程度上说，从促进人性成长、人生幸福的角度来说，最好的教育应该是引领、教导每一个教育对象对自我进行深刻认知和准确发现："我"的个性、兴趣、爱好和追求，一生至为钟爱的事业。有此，可能就有了对于命运不公的奋力抗争，就有了对于环境险恶的勇敢挑战，就有了对于心理怠惰的不懈克服。

有作家说，一个人的不行，恐怕还不在于曾经遭受了多少困苦挫折，而在于他虽然终日忙碌，却不知道自己最适合做什么，最喜欢做什么，只在迎来送往中匆匆度过一生。

虽然我们现在也流行起"生涯规划"，甚至进入了某些学校的课程，但是真正地通过教育激发独立思考，引领自我发现，追求个性成长，何时才能成为学校教育的常态呢？

而这恰恰是成就反弹力、成就"逆商"的关键。

这也是中国孩子和中国最为迫切需要的！

对于"好读书，不求甚解"的"甚解"

　　读书之重要，古今中外，从无争议。但在中国文化中，对于读书人，有不少轻视和讽刺之论，比如"死读书，读死书，读书死"，比如"书呆子"，比如"秀才造反，十年不成"，还有说得更绝的："百无一用是书生。"如果顺着这样的逻辑思路走，可能这世界上就没有几个人敢读书了。实际上，我以为，这些大都是某些优秀的读书人经历人生沧桑后的彻入骨髓的省察之见：读书固然重要，知道如何读书才更为紧要。

　　在这一问题上，持论最怪的是东晋大诗人陶渊明。一个官场失意的文人，不愿为五斗米折腰，归隐"南山"园田，以耕植采菊、读书会友、饮酒作诗而乐享天命，作《五柳先生传》以言心迹，自云"好读书，不求甚解"。后人对此多有详察细审的阐述，大都站在陶氏立场为之"自圆其说"，有的不免牵强附会。我则以为，这是陶氏读书、生活问题上的"反省""醒悟"。其中，"甚解"之"解"，意为"解释""理解"，也就是相信，认同。"不求甚解"，就是要告诉人们，尽信书，不如无书；读书万不可陷得太深，信得太过，否则，进得去，就出不来。这样看来，陶氏从人生几十年之读书生活的经历经验中，获得的感悟和识见，超越、洒脱，堪称读书问题上的真知宏论。

　　"不求甚解"的弦外之音是什么呢？我想，就应该是从书里跳脱出来的独立思考，自主探求。陶氏后来的人生践行以及人生辉煌恰恰是其"不求甚解"论的最好注脚。对于自然的融入、体验和感悟，对于历史的爬梳、审问和追思，对于社会的观察、分析和批判，这些与读书相伴的所有的"活动"几乎全都伴随着陶氏自主而独立的思维、思考和思想。《桃花源诗》《桃花源记》《归去来兮辞》以及《读山海经》一类咏史诗，离经叛道，惊世骇俗，几成文坛绝唱。正是这些成就了陶渊明在中国文学史上的高峰地位。

陶氏之"不求甚解"论，其最为直接的渊源在孔子。子曰："学而不思则罔。"（《论语·为政》）"罔"的意思是"迷惑而无所得"，"迷惑"则难免糊涂，成为"呆子"甚或"读书死"，进而"百无一用"，就是顺理成章的了。而读思相随，遇人则审问，遇事则明辨，理实相较，古今比照，焉有不聪慧明察之理？这才有"读万卷书，行万里路"的喻世明言，这才有叔本华所谓"假如我选择，我选择思考，因为只有思考，才可以让我永远成为我自己思想的主人"这样似乎有点偏执的生活哲学。

我以为，"不求甚解"内蕴的，是读书问题上的理性精神。理性，一般是指借助概念、判断、推理等进行的思维活动或能力，理性思维是借助逻辑的力量穿透事物的现象和表层直抵事物内核的思维。哲学家普遍认为，最为可靠的是理性，理性是知识的源泉。黑格尔说，理性是一种具体的辩证的思维，只有理性才能揭示事物的本质。当我们力主中国学生"关键能力"的培养，当"科学精神"成为关键能力中至为重要的"核心元素"，倡导并积极鼓励阅读过程中片刻不可分离的理性、质疑和批判思维，可以说比什么都重要。

在道德和法律之间

【说明】最近三个月，以民主党派成员的身份在中央社会主义学院学习，对中国社会政治发展的认识理解又有进步甚或是飞跃。从事语文教育和教育工作的人们关注社会，关注政治，可能对自身素质和教育教学能力、管理能力的提升有所助益。其中的道理不必赘言。在学习期间，我写作论文和杂感多篇，下列是在四川北川等地考察之后，针对广东佛山"小悦悦事件"有感而发。

人治之社会强调道德的力量，主政者以为"仁爱"可以解决社会的所有问题；法治社会则强调法律的威严，主政者以为一切问题和矛盾均可以在法律的框架内化解和消弭。当然，现代社会的治理结构一直在不断的进化和融合中，比如法治社会从来也不排斥道德建设，崇尚德政的似乎也开始大量植入法律的因子。但即便如此，是不是所有的问题都可以借助道德的杠杆和法律的权威得以解决呢？

2006 年末发生在南京的"彭宇案"，因为施救者的"无辜"和受救者的"诬陷"各执一词，最终被法院判以"各打五十大板"，施救者被判赔 4 万多元而结案，引发媒体和舆论的热议。也许是这一案例的"先河"，各地类似事件"争先恐后"地发生，不少事件最终侦查的结果真的是老年人的"诬陷"，比如同样发生在江苏中部的骑三轮车老太受救后诬告公交车司机事件更是再次令江苏人大跌眼镜，让投桃报李、知恩图报的中华文化传统严重受伤，令很多善良仁厚之士谈救人助人而"色变"。

2010年，我在苏中某地听一堂初中的思想品德课。老师叫学生写一段救助他人的经历，一位文弱的女生讲述了自己周末在公园中散步扶起一位跌倒的幼儿却被对方家长厉声呵斥的经历。该同学一直深感郁闷和苦恼。当老师追问其假如再有同样的事件发生，还会不会再行救助时，该同学十分为难，半天说不出话来。这位老师将这一两难的问题交由全班同学讨论，在数分钟的热议后，师生达成共识：在现实背景下，我们献出爱心、救助他人是必需的，但是最优的方案是，既帮助了别人，又保护了自己，能够两全其美。

课堂教学十分成功，但这一问题的解决才是"破题"。因为在中国自古"两全"之事几乎很难实现，最典型的是"忠孝不能两全"。救助他人同样如此。老人摔倒，生命垂危，假如是在绝无外人的环境中，假如无从报警，假如警察和医护人员也无法或者无法迅速到达，你施以援手即可救人一命，这时候，你根本不知道老人被救后会怎样"报答"你，你又如何自保呢？你犹豫，你思考保护自己的办法，等你想好了办法或者根本就没有想出办法，老人也许已经不治身亡。假如你有良知，留下的必然是无尽的自责和永远的愧疚。

两全其美的办法，虽然有"两全"，实际并不安全，实际是一个看上去"很美"的"空想社会主义"。

最近网上热传的"撑腰体"让我看到了此类问题解决的一线曙光。

在如同广东佛山"小悦悦"一类的事件发生后，北大副校长吴志攀在北大各院系及行业校友会负责人座谈会上（2011年9月21日），向所有北大校友提出倡议，鼓励讲诚信，做好事，做有道德的公民。如果中间发生风险，比如扶起摔倒的老人被起诉，北大无偿提供法律支持，如果败诉，北大出20万，多出的由校友募集支持。希望支持北大校友转发。紧接着一条北大版微博开始在网上热传：你是北大人，看到老人摔倒了你就去扶。他要是讹你，北大法律系给你提供法律援助，要是败诉了，北大替你赔偿。"微博女王"姚晨竟然也加入模仿：你要是微博人，看到老人跌倒你就去扶，他要是讹你，你就发微博，网友替你喊冤。

"撑腰体"由此"漫游"而风行。"撑腰体"的出现让我首先看到，代表文化文明发展方向的北大精神——北大的民主之思想、自由之精神，北大的拯世济民的高尚情怀已然复苏；从这一意义上讲，我对该校长充满钦佩，以为凭此一点，他可以荣任北大名校之形象大使。他的出现可以多少改善北大这许多年来萎靡退缩、风光不再的形象。这条微博受到如此追捧，让我更看到了部分群体的金钱铜臭、少数人的自私冷漠和贪欲并没有把社会大众的爱心、热心和悲天悯人的良知泯灭；而特别是北大校长的这条施救的"方子"启发我更多深层次的思考和探索。

北大副校长的这一"撑腰"之举，实际是在上述"两难"问题上的大胆破冰。但是他的点子还不能说就是金点子。比如说，他提到的如果败诉，北大出资 20 万，这一承诺，精神可嘉，简直可谓义薄云天，但却难合事理法规。那钱是学校的，不是你某校长家的，不是你一人想怎么用就怎么用的；即使你有这样的钱权，也是要用在学校的"事业发展"上，这样的"支救项目"的开支怎么列支，将来又如何走账呢？

看来良苦用心，一片忠心，却也难以说是万全之策。北大校长也有回天乏术的时候。可见这真是个国家级的难题。

这个问题实际也是世界级的"哥德巴赫猜想"。

记得 19 世纪的法国名作家、世界短篇小说之父莫泊桑有一篇叫《我的叔叔于勒》的小说。说的是一个名为于勒的人年轻时做了很多坏事，被认为是流氓、无赖，挥霍掉自己继承的遗产之后又挥霍掉哥哥家的一部分财产，而且其臭名昭著，严重影响到家族的名声和形象，使得自己的侄辈们的婚姻都面临困难。家人按照当年的惯例，教他搭船到美洲去打工。

这个故事长期以来在我国有许多解读的版本，很多人以为是莫泊桑在深刻揭露、批判资本主义社会人与人之间的金钱关系。我觉得此说搞笑而苍白。莫氏揭露的是当年法国一个两难的社会现象：于勒的存在影响家庭也影响他自己，把他送出去打工，就是家人少"德"；而其人之恶，还不是严重的侵害公众之恶；劣行虽多，还够不上刑之责罚。法律暂时还管不着他。那这种问题总要有人有方法解决啊，怎么办呢？本小说则"揭出病苦"，希望"引起疗救的注意"（鲁迅语）。这大概是莫泊桑写作的主要动机了。

我没有深究法国后来是否因了莫氏的小说设计了什么救助的良方，但他通过小说期求社会的改善尤其是把目光指向政府和社会的见识和眼界非常值得我们学习。它引发我的联想是，假如有一个社会机构设定一个相当的救助机制，是不是家庭的一种解脱和解放，也是社会的一种和谐和稳定，当然更是政府的功德和存在的理由呢？

于是我想，北大校长的初衷很好，但是有点堂吉诃德战风车的英雄气概，却难以彻底和圆满地解决事情。

我们是不是可以顺着北大校长的思路大胆地再往前一步，可以由政府出面，建立一种由财政出资、民间捐赠、红十字会等公益机构支持的公益救助风险基金，为那些助人、救险等功德性社会活动中可能出现的"后果风险""托底"，让所有救助者都能够毫无顾虑和任何风险地去做好事、做好人呢？这当中也不排除极为个别的无良者在本应承担肇事责任时假借救助之名而盗用公众的良心和道德的基金的缺德行为的发生。而从法的角度来看，既然法律无以证据确凿地认定其罪，考虑到"彭玉案"判罚的负面影响，我们宁可放过一千，也无论如何不能枉判一个。

这样的基金和这样的原则好处多多，它可以让更多的受害者得到最为及时的救助，使至高无上的生命得到最好的保护；更多的人可以没有任何顾虑地去做善事和好事；无良者要想讹诈，风险系数大大增加，他要面对的就不是救助者个体，而是整个公众和社会，尤其是基金的出资主体，于是其讹诈成功的几率大为降低；更为重要的是这样的一种激励和鼓励，有利于中华民族传统美德的发扬光大和蔚然成风。在弘扬中华民族核心价值观、铸就中华文化新辉煌的今天，这种机制将会比教育、训诫、管制和法律所产生的作用和价值直接得多，迅速得多，人性化得多。

这是不是机制的力量呢？我想，愿意为这一机制奉献薄力的一定不在少数，本人就是这一机制的坚决的支持者。问题是，我们的政府，在这一问题上，有多少考虑，有多少谋划，又有多少作为呢？

由此也想到北川地震灾区的考察，当耳闻四川省领导慷慨激昂的介绍、歌颂，当走过北川惨不忍睹的灾难现场，当看到重建的欣欣向荣，我一面感叹集中力量办大事的优势和优越，那当然优秀；一面又在想，那地下掩埋着的我们永远不见天日的成千上万的长辈、兄弟姐妹、老师学生，假如他们地下有知，又会想些什么？也许他们想得最多的不是这些，而是灾难深重的中华民族绝对不会从此就没有了如四川地震一般的灾难，但是当下次灾难再次"光临"时，我们如何才能少些再少些"丢人"和丧生的悲哀呢？

这需要深刻反思，以及反思之后相关机制的建立。反思灾难的因果，建立防范和救助的机制和制度，这不独是为了"为人民服务"，很多时候或者说常常就是在为自己服务。因为人祸常常是有选择性的，而天灾从来没有理智，不会选择。

从师范院校培养"卓越教师"说开去

近几年的教育界,"卓越"一词出镜率奇高。从动态的培养培训的目标设计,到静态的人事专业状况的判断认定,对于对象的描述中似乎少了"卓越"就显得低档、掉价和落后。于是,举国上下,卓越教师、卓越校长、卓越学校,几乎凡有教育处,必有"卓越"影。尤为厉害的是,如今的师范院校,纷纷启动"卓越教师培养改革工程",可以预期,如果不出意外,未来几年,一批又一批"卓越教师"将从师范院校走向中小学的讲台。

这当然是一幅美好的教育愿景,也是现实教育的一个美好的追求。当中国当下的社会矛盾转变为"人民日益增长的美好生活需要和不平衡不充分的发展之间的矛盾",教育的转型发展成为一种必然。而教育转型的关键在哪里?显然是教师。没有教师就没有教育,卓越的教育一定来自卓越的教师。

卓越的教师从哪里来呢?自然需要师范教育的精心培养,自然需要入职之后的学校和教育行政部门的培训。问题是,师范院校"卓越教师"的培养,地方教育行政对于"卓越教师"的培训,究竟如何实行?思路、策略和工具究竟是什么?有无效果?

我以为,在现阶段,无论师范院校还是地方教育行政对于"卓越教师"的培养和培训,首先要弄清楚几个问题:一是对于"教师"功能、教师发展的理解。教师的价值,用韩愈的话说,就是"传道受业解惑";教师价值的实现,就是用自己的"学高"和"身正"之德行,去教导、指引和影响教育对象。二是对于"卓越"的理解。作为形容词的"卓越",指的是高超出众。也就是说，"卓越"用以形容某一事物，一定表示此一事物已经出类拔萃，再也少有生长发展的空间。三是对于"卓越教师"的理解。"卓越教师"理应是教师成长和发展的高级甚或最高阶段。这样的教师大概就应该是教育家型教师或者教师教育家了。这样的教师一般应该是在"道德境界""教育功业"和"教育思想"等方面早已登峰造极的教育英雄。四是对于卓越教师的成长规律的理解。教师的成长和发展是有路径可循的。教师是以自己的厚德高智、博才广识来感染和影响学生的；而教师"学高"和"身正"，这样的"知行合一"的特质，不是"天外"飞来的，不是头脑中固有的，而是教师长期在自己的生活实践、社会实践尤其是教育实践中慢慢修炼、达成的。这就是说，仅仅靠四年左右的师范院校教育造就出真正意义上的"卓越教师"，只能是一种概念和理想。古往今来，优秀教育家成长成功的事实充分证明了这一点。

当下之中国，社会转型，教育转型，正是卓越者大有用武之地的时代。但又不可不警惕某些人，为追赶政治上的所谓正确，假以文化的外衣，用某些口号、标语、大言乱人耳目，以满足少量无知者的一时之快，赢得或明或暗的名利收益。教育的情况，与社会其他领域比可能要好一些，但也不得不有所预防。比如，如果师范院校通过本科教育真的已经将师范生都培养成为"卓越教师"了，那么，入职后的教师还需要再培训、培养，还需要煞费苦心去发展和成就"卓越教师"吗？

看来，对"卓越"的使用还是应该慎重。教育培养人的理性，理性来看，师范教育最多是为教师奠定未来卓越的基础，师范院校能够培养的应该是"未来卓越教师"。从这一意义而言，师范院校培养"未来卓越教师"，中小学和教育行政致力于发展"现实卓越教师"，前赴后继，一以贯之，如此持续而行，教师有希望，卓越可达成。

不说过头话，不把话说满，低调中和，留有余地，做人做事如此，做教育，做教育的项目和工程又何尝不是如此。而真正的包括教师在内的所有"卓越"，往往就是在大量的也许不卓越、不够卓越、不很卓越的教育实行中，累积实现的。师范教育果能如此贴地务实而为，教育庶几可望矣！

| 第二辑 |

慎思理念

道德：一个民族战无不胜的力量

克罗地亚，一个"螺蛳壳"一般的小国 2018 年战胜众多大国获得世界杯足球赛的亚军，令我等啧啧称奇。赛前所有的预判估算几乎都失效失灵，这也正是如世界杯这样的赛事让人心驰神往心醉神迷，并经久而不衰的魅力所在。问题的关键还不在此，而在于就是这样一个贫穷小国的球队，在获得亚军应得的奖金之后，居然由其队长代表所有队员发表演讲，宣布把原本可自己"瓜分"的 2300 万欧元的奖金全部捐献给他们国家的儿童基金会。

当球队凯旋，本国国民纷纷从四面八方涌向首都，欢迎这一支英雄"奇兵"。据相关报道，从机场到球队训练营地，原本 1 小时的路程，居然费时 6 小时之久。

观察这一事件，其中有很多值得我们揣摩的东西。总人口 400 余万，相当于我国一个小市的人口量，其球队居然有这样的本事，冲出小组赛，杀入 16 强，跻身 8 强，进而闯入前四，最终获得亚军，创造历史最好成绩。这靠的是什么？一国之国民，面对这寥寥数人，居然以这等史无前例的"礼遇"相迎，甚至有人居然不惜代价从国外赶回迎接，这是因为什么？

难道是"技术""战术"？不能没有这样的成分。但蜂拥而至的国民，可能多数对足球运动既不懂也不喜欢；对运动员既说不出姓名也不知每个人有何技能和特长。而最可以作为反衬的，史上那么多技术精湛的球员和球队，曾经有谁获得过这样的待遇吗？

难道是战果和"荣誉"？不能没有这样的因素。但所谓战果和荣誉，代表的是国家和民族，所以才有其总统到比赛现场呐喊助威；当然，国家、民族的战果也就是国民的荣誉，但国民完全可以在家里、在社区、在城市的中心狂欢以庆祝。又哪里有必要劳民伤财亲临现场以迎接呢？要是在某些国家，有人还会问：你也到现场迎接？你够格吗？

难道是球员和球员的形象？乍看倒是极有可能。这许多年来，在我们的国度，少男少女对于娱乐明星的追慕，名人对于"粉丝"的依赖，"颜值""人气""排行榜"等的风行，早已让泱泱古国精神失血贫血过多过久。但你有没有注意到，汹涌而至的人潮，那可是来自东西南北，男女老幼皆有。

我以为一定是球员以无畏的勇悍赢得的"英雄"身份，一定是"英雄"身份表现出来的英雄格局和境界。而从精神的层面讲，这里面一定有很多可以分析和阐述的东西。这里有：奋勇的拼抢，死战的气概，专业的精湛，个人的智慧；这里有：家族的荣誉，家乡的眷恋，家国的情怀；以及由此生发和凝聚成的团队的协力，奉献的赤诚。这一切的一切，其核心在"道德"。孟子说："得道者多助，失道者寡助。"几乎是对于克罗地亚足球队壮举的最好的诠释。

而这样的盛况，在文明古老的"我的国"，似久违了！为一己，利小家，求生活品质，逐功名虚荣，几成不少人特别是青年人之共识和常态。在我们的周边，高智商低智商的、精致的不精致的、发财的不大发财的"利己主义者"随处可见。2018 年夏，有机会来到东北边陲的兴凯湖畔，高台远眺，真个是江山如画，与江南无殊；言之"大美"，绝不虚传。然遍观周围拿着手机拍个不停的芸芸众生，有几人关注兴凯湖曾经真的因"大"而真"美"？有几人面对残月般的湖面还会涌现哪怕一丝的家国"耻悲"？

感谢克罗地亚球队，你们的精神作为一种教育资源和文化资源，是你们的，是世界的，也是我们的，尤其是我国教育的。

（注：兴凯湖，原属我国内湖，现仅有 1000 余平方公里，即全湖面积的四分之一属于中国。）

重塑国家课程的刚性

在社会问题的治理上，一直流行着"一放就乱，一管就死"的魔咒。这在当下之基础教育阶段，似乎仍未被突破。十余年来，规模宏大的课程改革，并未从根本上撼动教育应试的"冰山"，很多体现设计者的良善初衷的顶层安排、优秀理念和思想，非但没有带来理想的成效和结果，有些反而助长了某些教育乱象丛生，甚或使教育的应试成分更加浓厚。专家倡导、基层力行、大家耳熟能详的"国家课程校本化"就是一例。

什么是"国家课程校本化"？专家的理解，它指向的是"学校根据学校自身实际情况创造性地执行国家课程，更好地实现国家课程的目标。这包括学校根据学校的特点和条件，就课程资源、单元进度、授课顺序、教学方法等课程议题进行自主决策"。（吴刚平：《校本课程开发》，四川教育出版社 2002 年版）其初衷则是以此打破传统的国家课程一统天下，校本课程无从实施，教学实施刻板僵硬的格局，为学校特色、个性以及师生特长、个性的发展提供更大的平台和空间。

其实施的情形怎样呢？虽然有许多学校严守课程计划方案，循规蹈矩地实施教学，但也有为数不少的学校，对涉及考试的国家课程，从主体内容、知识要点和序列、教学难度和重点到教学进度安排，几乎一律比照考试的"标准"，实行既"伤筋"又"动骨"的"校本化"。——哪里是什么"校本化"，实际是彻头彻尾的"考本化"：本年考试不列入考点的，一般不教；列入考点但占分较低的少教；五六个学期才可完成的课程，只用两三个学期便紧忙着"鸣金收兵"。这样的课程教学，几乎所有的考试课程都唯考纲之"马首是瞻";紧缩挤压下来的时间全部用于应考复习。在很多初高中，三年中用于复习的时间竟然可以达到两到三个学期。一轮又一轮，重复又反复，翻炒又翻炒，这样的课程教学，成为不少中学生学习生活的梦魇。问题是，这样严重违背教学规律的现象，居然被一些学校和校长冠之以"国家课程校本化"，甚或还被评定为遵循课改理念，践行课改精神的创新之举。这真不知是恶搞还是亵渎！

国家课程应该是国家意志的体现，代表的是主流价值和人才培养的目标和导向。民族传统、国家认同、社会和谐、人文理想、科学精神等，都通过国家课程及其实施得以培养。基础教育阶段，它是最权威的"通识"课程，理应受到尊重、遵守甚至捍卫。

如今高中新课程改革方案已经颁行，然前鉴未远，针对目前情况，我以为应该重塑国家课程的刚性，以免课程教学的乱象重演。

一是捍卫国家课程的崇高价值。增强国家意识，捍卫民族尊严，滋生家国情怀，培养人文科学素养、责任担当精神，作为国家课程的重要使命，必须坚定不移不折不扣地达成。任何转移、改变国家课程核心价值的教育动机和行为，都应毫无理由地予以终止。

二是维护国家课程的主体内容。国家课程本身就是一个整体，每一门国家课程也是一个完整的存在，它们的每一个组成内容都有其相对独立又互有联系的教育意义和目的，不管以什么名义的偷梁换柱、移花接木都是对国家课程的篡改和侵害。单一的应试本身就违背教育规律和规范，以应试为名而对国家课程伤筋动骨，那是错上加错，大错特错。

三是坚守国家课程的实施规范。到位的教学实施才有国家课程价值的完整的实现，随意地简化和复杂化，不足取；任意地调整教学时长，更不足取。凡此种种，都是在变相地加重学生课业负担。按照课程方案安排教学，恪守教学时长，也许是当下改善教学生态的良方之一。

四是建构国家课程的评价机制。在不断恶化的应试生态下，国家课程的教学被损害之处甚多，各地表现不一，迫切需要建立相对统一的国家课程会考制度。相信正在试点并即将力推的高中新课程方案和高中综合改革，会就此问题推出行之有效的解决方案。

教育改革永远在路上，但就其某一领域某一局部而言，改革迫切需要改革的，坚守需要永远坚守的，这也是改革的题中之义。当"国家课程校本化"被长期误读误用甚或沦落为"幌子"之后，澄清这一理念的本义，梳理国家课程的价值，分辨国家课程与其他课程的关系，重塑国家课程的刚性，并逐渐培育起每一个教育人对国家课程的敬畏之心，对于当前和未来的教育改革的深化，意义十分重大。

尊重和敬畏，才有文化的生生不息

"文革"发生时，我已记事，只记得做过私塾先生的祖父几十年积攒下的线装书、珍稀古玩一类，被村里我的本家叔叔率团毁于一旦；亲眼看着一向宠辱不惊的祖父竟呼天抢地，痛不欲生，我才知道这是何等残忍的事故。

尽管如此，在我的大家庭中，对于书籍和文化的尊重和敬畏，几乎未有过半点的消解。

记得稍懂事、开始读小学时，我还能从祖父母狭小房间的狭小柜子的角落，寻出十余年前小叔叔用过的课本、文选和作文本。我对古人古事、唐诗宋词的认知、对新中国成立初期的语文教育的认知就是受着它们的启蒙。所以待我结束中学生活进入大学，全面接触古代文学时，总是回想起叔叔曾经用过的那些课本；而待我师范大学毕业，做了中学语文老师，提笔批改学生作文，总是会想到叔叔初高中所用的作文本上老师朱笔批改的评语。

在家里，不要说是书本，只要是带文字的纸张，妈妈都绝不会扔掉。你并没有想要保存的书籍、簿本，只要放在家里的任意一个地方，哪怕彻底忘了个一干二净，但是多少天之后想起了，要找它了，妈妈总会不紧不慢地告诉你摆放的地方，那样清晰，那样精准；总是让正当绝望的我们喜出望外，激动不已。

在我的家里，无论是簿本、报纸，只要是上面有文字，更不要说大部头的图书，是绝不可以随意撕去，不可以坐在屁股底下，更不可以用来作糊墙纸、卫生纸之用的。祖母总是说，文字通神明，书本有灵性，亵渎它，会遭天打五雷轰的。

妈妈受大家庭尤其是祖父母的影响较深，也对文化载体、文化人敬若神明。记得"文革"当中，本村中很多有知识有文化的人被打成"地富反坏右"，这些人常常被无端批斗、打骂，更多遭歧视和侮辱。妈妈总是悄悄地对我们兄弟姐妹说，这些人都是有本事的人，不是坏人，你们绝不可以对他们做任何坏事。

这让我们记得很深刻，有意无意中也多传承。

我从大学开始买书、读书、写作，教书之后更是买书、备课、教学、写书，积累下来的文化"产品"，成堆成捆，真的需要车载船装。几十年间，多少次搬家，有时甚至是上百公里的迁徙，其间舍弃的杂物、丢失的用具数不胜数。但我积累下来的成千上万册的图书、杂志、我自己的著作，我的草稿、备课笔记，几乎未丢弃过一册一篇，一纸一角。即便是儿子读书时候所用的课本和课外书，也都完好无损。这当然都是夫人的功劳。夫人有自己的专业，对我和儿子所从事的专业并没有多少认知，她对于书籍和文化的尊重和敬畏却是我这个家族的一脉相承，这也是我和孩子们能在教育和文化领域有所建树的重要支撑和保障。

优秀的文化是什么？文化就是区别并超越了野蛮、愚昧、庸俗的文字、文气、文雅、文明，它总是通过代际接力，感化和转化着一代又一代的世道人心，总是通过细流汇海的沉稳和耐力，积淀为厚重广博的精气，生长舒展，终至为充溢泱泱天地的浩然正气，传承、播惠这个民族的每一个后来者，直至"子子孙孙，无穷匮也"。正因为如此，秦始皇想埋想烧，它还是"春风吹又生"，其"命"还是硬胜磐石。

但特别反常的是，最有"文化"的，有时候会成为文化的叛徒；而处在"文化"边缘的，反而成为文化的卫士。

这是不是更可以反证文化的魅力呢？

何为"洞见"？

这几年，不知为何，与网络用语如"粉丝""暖男""小鲜肉"等的流行同步，一些貌似高雅神圣的"大词"也频频出镜，似乎要与网络用语的流行一决雌雄。"洞见"便是其一。

每每与一些教育学人参与某项目、工程、课题的评估，总有人搬来此词，对于某人、某观点、某见解，轻轻松松以"洞见"褒奖之。

当然，我们也偶尔看到，某领导讲话，某专家报告，主持人或是现场听众，常常不惜以"洞见"高评颂扬。但回味领导或是专家所言，不过是生搬的旧语，舶来的陈言，正确的空话和废话居多。即便其间偶有"洞见"，其"发明权"也跟现场"此人"无关。

这"洞见"究竟是何物？有如此神功？

"洞见"之核心在于"见"。此"见"绝非一般的"看见"和"发现"，那是常人的作为。这里的"见"，是"见解""见地""见识""高见"。这就与一般的理解、主张、想法、观点有着比较大的差异和区别。关键是常人所不能见，难以见，即便见了也难以理解其"见"。说白了，所谓"见"，实际就是体现了思想主体独立思考精神的独到的思想，其来源是自己独自冥思苦想、灵魂深处爆发革命的重大收获。独立、独到、个性化、独特性，是其最为重要的特征。

这样说来，"洞见"不是他者观点的重复，哪怕再古老，比如周秦；哪怕再久远，比如欧美。搜集和整理，转手和翻译，不管其观点多么优秀和伟大，从你我嘴里播报出来，就如同风儿从窗外突入，经由过道而飞出，不新颖，不独特，无创意，有什么稀奇？

由此看来，"洞见"不是浅薄的认知，浮泛的判断。只有丰富阅历，大量积累，并且具有理性思维、创造潜质的人才能发现。

"洞见"之"洞"，是对于此"见"特征的概括。何为"洞"？它不如"隧"宽旷遥远，也不像"孔"那样细小逼仄。"洞"，这就显得深幽、集中、精准，加之"洞"有深度，甚至不可测，这就显出了深刻，于是，"洞见"便寓含了一言中的、直捣黄龙的精准性和深刻性。

想当初，当国家从"文革"的梦魇中醒悟过来，中国经济几乎到了崩溃的边缘，邓小平同志高瞻远瞩，果断决策"以经济建设为中心"，力主"改革、开放"，一下子人心思变，精气神大振，天下终至于大治，关键是这一"洞见"转化而为国家的政治方针，一直延续至今仍然风光无限，神勇不减当年。

习近平总书记执政，树立"中国梦"大理想。各方力量和资源被充分调动、聚合。这样的政治"洞见"恰恰展现出一流政治家之高瞻远瞩、雄才大略。

可见，"洞见"就是重大突破，就是发明创造，就是推动人类文明进步的巨大的精神动力。洞见的发现者几乎无一例外是政治家、科学家、经济学家和各学科领域卓越超群的英雄！

如此，可以说，把陈词滥调捧为"洞见"，矮化真正的洞见，这是对于创新和发现的漠视，是对于创造英雄的轻忽。当"洞见"流行，甚而泛滥，不独反映出媚上者人格品行的低下恶劣，而且可见一个社会风气浮躁、虚夸病态的程度之深。我们对此必须保持高度的警惕。

"洞见"何来？来自"洞见"主体长期广泛阅读、多方观察、丰厚经历和深度思考而有的大视野、大格局、大境界的合力生成；来自特定时代背景和社会环境生长出的独立和个性精神之蓬勃张扬；来自对祖国和人民的深爱而有的大胆识和大勇气的慷慨生发。鲁迅先生在《野草·淡淡的血痕中》说："叛逆的猛士出于人间；他屹立着，洞见一切已改和现有的废墟和荒坟，记得一切深广和久远的苦痛。"洞见之发现，洞见之发出，乃至为人所知，达成共识，必须突破重围，战胜重重阻隔，才可能、可以终至于光照天下。

因为不论是政治领域的"洞见"，还是科学领域的"洞见"，发常人之所未发，行常人之所未行，可能影响时局，可能触碰利益，还可能改变现实世态和未来命运，这自然有盖世之功名，但也隐含迭出的风险。洞见的一帆风顺、畅行无阻几乎从不可能，否则，它也就不是洞见了。

古今中外，概莫能免。

词不达意说"分享"

"流行"是一个中性词。一般人用它，表达的是一群人或者众多人的与时俱进，比如，"改革""开放""自信"的中国共识，比如"中国梦""核心价值观"的有口皆碑。这里的"流行"便等同于学习和追赶。但有时，"流行"的还有感冒，还有偷税漏税，还有假冒伪劣。这里的"流行"便与跟风、学坏同义了。所以，不论何时，不论何地，遭遇"流行"，还需要冷静观察，仔细三思，慎加辨析。否则，被不小心带入阴沟泥潭还不知是怎么回事儿，那就亏大了。

这里以这几年在高雅的知识阶层最为"流行"的"分享"一词为例。

"分享"是这几年出镜率奇高的词，好像与课程改革之后"专家"的一时大量涌现有关。而且这一词语生命力极为顽强。直到今天，特别是不少学者专家，只要登台开讲，几乎逢场必用。比如："真高兴有机会与大家交流，最近一个时段，我在学习××精神，深度考虑××问题，有很多想法。今天来与大家分享。"说者言辞恳切，听者甚为动容。而且，对于这样一种时髦的表达，大家除了感到新鲜，还感受到言说者的谦逊、大气、上档次。

我听此种表达多了，总觉着有些别扭。什么是"分享"？《辞海》解释是"享，享受，享用"。所谓"分享"，其义为"与他人分着享受、使用、行使"。也就是说，"分享"的对象，用于"分"着使用的对象，一定得是肯定能够给对方带来"愉悦""享受"的东西。比如先期已经被某人占着的共认的财物和美食，美妙的风景和故事，绝佳的机会和平台等等。前提是，这与他人"分食""共用"的事物，不仅占有者认为优秀，而且可以凭常识判断愿意分而用之的对方也一定认为优秀。

如此一分析，问题就来了。众多专家大会小会上拿来与你我"分享"的事物，也就是"舶来"的理论，积累的经验，获得的成果，不管如何高级、大气、上档次，也终究不过是言说者的一家之言，甚或就是自说自话。你可以自认为见解独特，观点一流，论证严密，简直就是不刊之论。但别人是否也持有如你一样的态度和看法，这在你还没有言说之前他人肯定还不知情，因而无法判断，于是你也无从知道。那你一开场无论如何也不可以妄言要人家与你"分享"啊！古人说："己所不欲，勿施于人。"但好像并没有说过"己所欲"，就可以任意地不分青红皂白地"施之于人"，你如此在别人并不知情的情况下擅自要求别人"分享"，这是典型的强人所难。

当然，也有人说，专家们难道真的不知道"分享"的这一层意思，还要我们来提醒？说的也是。长期以来，某些领域的某些所谓"专家""理论家"，他们自认为站在学术"前沿"，占据着话语"霸权"，习惯了对埋头干活的实践者横挑鼻子竖挑眼，俨然自己是实践者的行政"上级"；没叫你坚决执行，仅仅要你"分享"，已经是相当文明客气的了。

但我倒情愿是，习惯于使用"分享"、自以为是"谦逊"表达的专家们，不是因为"霸气"甚或"戾气"，而真的是词不达意，把意思搞错了。

"格局"是个"立方体"

　　最近几年，"格局"成为流行语。有点身份有点档次的，常常喜欢用它来说事论人。比如，这人别的都还好，就是少了一点"格局"；我们待人接物，"格局"要大。听多了，便多了好奇：这如此得宠的"格局"是什么？

　　何为"格局"？《辞海》说："1. 艺术或机械的图案和形状；格式；布局。2. 一个人对所处局势、态势的理解和把握。3. 指一个人的人格、胸怀和气度。"三个解释之间有着显然的内在关联。前者为本，后者为生长出来的"枝干"；后者是前者的引申和发展。这也就是说，所谓一个人格局如何，如何格局，这里的"格局"，实际就是说一个人的格调和气度。这给我们正确理解"格局"以很多启迪。

　　"格局"一定与长短有关。有长度宽度才能形成平面，仅有一"线"，难以成面。而且长度第一，平面之框架首先是由长度拉开的。不局限于眼前，不拘泥于一隅，不计较于点线，着眼长远，深谋远虑，这应该是"格局"的基本点。

　　"格局"一定与高低有关。有了"高度"，"面"就立起来、活起来了，就富于稳定性和冲击力，也就有了抢人眼球的美感。所以，打仗最紧要的是占据制高点；登山则为满足居高以雄视天下的征服欲。想当年孔子身体力行教导三千弟子，"登东山而小鲁，登泰山而小天下"。在低矮的屋子里局促久了，在四围的井底困顿惯了，只有两个结果：要么成为"井底之蛙"，夜郎自大；要么点头哈腰，低声下气。所以，要有高度，要有足够的高度，要高到足够高的高度。因为只有如此，你才可以看到在平面上永远也难以达到的"长远"。一位宇航员驾乘宇宙飞船，掠过茫茫宇空，忽发奇想，便将望远镜头对着"家乡"——地球的方向，原本广袤的"家乡"在镜头里竟如针尖般渺小。他震撼而猛醒，数十亿人，几百个国家，争来争去，就在这上面，就为这一点东西，太不可思议了。高瞻远瞩，就有气宇轩昂，就有气吞山河；若是降到峡谷，便只能仰视、卑下和猥琐了。

格局一定与大小有关。这个大是指有了长度、宽度和高度之后的大，是立体之大。大小决定了内容、容积和度量。小肚鸡肠，螺蛳壳里的道场，细洞里爬出的螃蟹，武大郎炊饼店中走来的伙计，一定吓不死人，一定会被人小瞧。体量之大，才有虚怀若谷，才有胸胆开张；才可以海纳百川，有容乃大，才可以"大肚能容，容天下难容之事"。所以一个有关"六尺巷"的故事和诗歌才会流传至今，成为中华民族的经典佳话："千里修书只为墙，让他三尺又何妨。万里长城今犹在，不见当年秦始皇。"

格局一定与方圆有关。格局一定不是静态的，一个人之有无格局一定是在其言行中、在与他人的关系中呈现出来。你只要居住，就有左邻右舍；你只要工作和生活，就得待人接物。在这样的过程中，其表现，就必然有知行合一与知行不合一的分别；就自然有内圆外方，和外圆内方的不同。人前人话，鬼前鬼话；对上奴颜婢膝，对下颐指气使。格局之高下和大小的不同由此分出。

格局一定与彼此有关。有无格局是一个客观的存在，但判断和评价却是人与人之间主观的活动。生活中的常态是，有人对他人的言行不大关注，或者即使关注也不太上心，更别说用心在意地评说了。但也有人善于或者擅长对他人评头论足，说三道四。这两者之间，如果遵循客观事实，不掺杂个人的更多的喜好厌恶，那也没有什么，难以分出伯仲叔季。问题是，或者说常见的事实是，评说他人有无格局或者格局高下的，似乎总站在自以为是"格局"的制高点，总自认为是道德人格的社会"判官"，大义凛然，理直气壮，一锤定音，一言九鼎，一刀毙命甚或灭人于无形。至于评论者真正是谁，格局高下，有无格局，则很少或者从未自问、自认、自省。被评论者自然很难知道自己被人背地里评说乃至"戕害"的事实，一般的"第三者"事不关己也不会发声鸣不平。但天道有公，人分彼此，正所谓：知己知彼，百战不殆。明代大儒王阳明力倡"知行合一"，就是说言彼人之格局，必得先掂量自己之"格局"，要求别人格局高远阔大，必得修炼自己的格局直至更为阔大高远。

这样说来，格局之优秀卓越并非与生俱来，而是长期生活工作过程中学习、模仿、自省、内修、成长的结果。思之念之在高山，就会有如高山一样厚重沉静，令人高山仰止；念之思之在大海，就会有如大海一样宽博大气，永远接纳百川。当然，生活和生态，环境和资源，条件和工具，都是非常重要的影响因子，尤其是教化，比如科学的指引，人文的熏染，先行者、在上者的率先垂范，其功夫如春风化雨，无以替代。

我们会不会"讲理"?

管仲有言:"仓廪实而知礼节,衣食足而知荣辱。"这40年的物质进步、生活质量提升,带给社会最大的变化,是人与人之间关系的极大的改善。不论何时何地,争执吵闹、打架斗殴的场景越来越少见,即便偶有冲突,粗俗的谩骂也为"文气"的指责所代替:你咋不讲理?你稍通情达理点好不好?旧时言文武之别,有一句话很流行:"秀才遇到兵,有理说不清。"大概是人类蒙昧时期、冷兵器时代,武士多愚钝少文,加之有兵器在握,不会也不屑"讲理",反叫"讲理"的秀才尴尬落败。

这上述的"理",一般说的是"道理""事理",也就是生活中的常人应该信奉并遵循的常理常规、公理共识。曾经有专家学者分析说,中国人重感性,西方人重理性。这似乎是在为中国人之理性不足辩护。但实际上,几乎跟西方人的哲学起源和发展同步,我们先人之论理明辨也开了世界文明的先河。孔孟老庄、名家墨家,可都是讲理"辩经"的高人,其著作及其思想,奠定了中华文化的根基。而其中的很多元素经千百年约定俗成而为传统、精神,比如村规民约,家教国法,影响着世世代代的国人。

人人讲理明道,事事言据论实,天长日久,经年累月,这一国之民,人同此心,事同正理,据理成事,便可以说,这"民"是一国理性之民,这"国"乃是由理性之民组成的理性之国。遥想泱泱中华,曾经有共同的信仰和价值,共求的理想和世界,虽经磨历劫而初心不改,"富贵不能淫,贫贱不能移,威武不能屈",成就了漫长的而且常常领先世界的中华文明的辉煌。

但我们也曾经有过短暂的毁传统、反文明和非理性时期，而且这一时期形成的非理性思维直至今天仍然影响着我们的生活方式、工作状态甚或事业发展。在学术领域，对某些极端思想的盲从，某些舶来理论的迷信，对某些权贵、专家、导师等掌握着话语霸权的人士无限的尊崇，这早已远远超出了尊重、爱戴和敬仰的情感范围，而演化为完全丢失自我、逆反人性的顶礼膜拜。

现实教育中，特别是语文教育中，把某种流行的观点视为理论，把所谓名人的词句当成真经，将曾经的历史当成规律，将偶发的事件当成例证，两者或者多者"拼凑"组合，就以为是"证明"，以此成文，便是说理，便是论证，便是议论文。教者如此教，学生如此写。这已经成为议论写作的"中国模板"。大量的所谓理念、思想和观点就被这样的"模板"极端粗率地"炮制"出来，并被习惯性地视为"真理"且心悦诚服地信奉遵从。

这样的模板，这样简单的"枚举"能证明出科学的道理乃至真理吗？显然不能。因为你会发现所有被我们简单枚举证明为正确的观点，几乎都可以被任何一个他人甚至我们自己任选几句"名言"和几个反例驳倒和否定。

于是，我们就会常常处在"理念""意识"和"思想"的矛盾中、夹缝中；任其发展，最为直接的后果，就是对被训练者、写作者思维的重大损害，对其理性基因严重的摧毁。

改变的唯一办法，便是提升我们的智慧、明智，学习并驾驭实现理性的工具——逻辑。

"讲理"也是一种科学

与"理性"相对的是感性，我们常常评价一个人说"很感性"，这是"褒义"的；假如说这人"太感性了"，那就带有明显的贬义了。

我们在"读书"问题上所持的很多观点，常常偏"感性"而非"理性"。

这里所说的"读书"不是泛指一般意义上的"学习"，而是指阅读各类文章和书籍。总是劝告人读书的人，从来都将书籍文章的价值夸张到天上，将读书的意义夸张到比生命本身还要重要的地步。而且，这些人总会堆砌大量成功案例，且引经据典，危言耸听，让人觉得世界上那些不怎么读书的人，几乎一天也活不下去。

但是很少有人会去怀疑甚或质疑"读书"或者说一味片面强调读书可能带来的问题。从古至今的为数不少的"孔乙己"们的惨剧，无法让人装聋作哑、视而不见。而对这样的悲剧进行深度思考分析，也许才有助于人们对于读书的价值、读书的方法作出客观的精准的判断。

不仅如此，互联网与人工智能的接踵而至并且迅速地"联袂演出"，不断改变人类的生存和生活方式，包括学习和教育的方式。"技术"和"工具"的不断升级换代，让人们一夜间发现，有很多传统的知识概念、学习概念、读书概念被解构、颠覆。比如你很难想象，一个没有经由任何知识学习的一两岁的孩子可以异常娴熟地操弄手机和电脑；一个70岁的不识字的街头贩卖西瓜的大妈竟然可以挂出"敬请微信支付"的招牌，且非常顺利地独立完成一笔又一笔交易。

这样，我们就有必要深度研究。一是读书的价值。是为谋生的功利，还是精神的富足？如是前者，可能有很多技术指导类的书籍都可以取消，因为借助现代工具，很多技术活都不需人工了，这样的阅读可能就不很必要。二是阅读的内容。"博古"向外，还是向内"通今"，决定着阅读者未来的走向和前程，选择时，焉能不慎之又慎？三是阅读的方法。读而不思索，读而不比较，读而不鉴别，且不能从阅读中发现自己反而迷失了自我，这样的阅读也许还不如没有阅读来得好。

可以想象，不作这样的理性分析和探究，一味地纠缠于"读书"有无必要，我们永远也突围不出来。

什么是理性？

按照黑格尔的哲学观，理性是最完全的认识能力，是认识的高级阶段，只有理性才能揭示事物的本质，一般指概念、判断、推理的思维活动或能力。马克思哲学观认为，在感性认识基础上，经过思考的作用，将丰富的感觉材料假以去粗取精、去伪存真、由此及彼、由表及里的改造工夫，就会产生一个飞跃，上升为理性认识。

理性何来？

一是智慧。什么是智慧？按照一般的理解，就是聪明，实则很不全面。智慧，佛教里称为"般若"，指破除迷惑证实真理的能力。亚里士多德将之归结为"理论理性的德性"，认为它是人的最高德性，表现为对最高真理的"沉思"。在理论和思想问题上的深沉思索、执着探寻、不懈证伪，恰恰体现出理性的本质和真谛。

二是明智。相对于"智慧"，明智是"实践理性的德性"，表现为人们在实践所为中对于真、真相和真理的判断。明智与智慧，分别从实践证明和理论探索两个层面引领人类走在认识世界、寻找真理并进而认识自己的理性征途中。

三是逻辑。不论智慧还是明智的学习和修炼，都无法不借助"工具"。实现理性提升的主要工具就是逻辑。逻辑的关键在概念、判断和推理，切准概念的内涵，基于事实作出稳妥的判断，并在此基础上，循序渐进，作出环环紧扣的推理，才能渐进于科学的结论，攀上真理的峰巅。

这就可以想象，富于理性的人必须冷静。淡定、沉着，"每临大事有静气"，方可让思维畅游于生活事件的九曲回肠的小道。富于理性的人一定谨慎。当年胡适治学力行"大胆假设，小心求证"，那求证的"小心"，正一语道破了真理探求的艰辛，有如刀尖上求生，大海里捞针。

可见，真正的"讲理"，很不容易，十分艰难，它跟威权无关，跟刀枪无关，跟嗓门大小、力量强弱无关。

说白了，"讲理"就是一种"科学"。

人格修炼是一生的工程

人而有格，以区别于非人；人格有高有低，以分别出尊卑贵贱。但人们也许习以为常，早已形成共识，人格就是一个正面的褒义词，以赞美一个人有格局、格调，很高尚、伟大。所以，我们夸人常常说，这人有人格魅力。

有人格魅力的，一般是这样的人：在芸芸众生中常常特立独行，与世俗生活保持一定的距离，虽不是众人皆醉"他"独醒，但总让人觉得这样的人鹤立鸡群、一枝独秀，尽管很多人并不是鸡，也不一定就不是枝干。但他就是不一样，比如说，他不太在意别人正在干什么，也不太在意别人如何评说他。但正是这样的人，让你觉得踏实，因为有他，你觉得在这里生活，稳妥而安全，甚或特别感受到有尊严和脸面。时间长了，你不知为什么，你愿意或者自觉不自觉地模仿他、学习他，似乎想做他这样的人。你不一定感受到他的亲切，但你却觉得尤其是在他的面前，常有一种亲近的冲动，总想追随他。于是，我们可以这样判断，所谓有人格魅力的人，不一定是一位领导，但你愿意接受他的领导；他一定是一个富于"领导力"的领袖级人物。

那么，人格是什么？人格是人类独有的、由先天获得的遗传素质与后天环境相互作用而形成的、能代表人类灵魂本质及个性特点的性格、气质、品德、品质、信仰、良心以及由此形成的尊严、魅力等。大量杰出的英雄们的言行事功表明，对一个人之成功最为重要的人格是如下几个。

一是有品质的思维。思维应该是人区别于一般动物的主要特质，但尽管人人有思维，其品质却有高下优劣之分。日本著名企业家稻盛和夫总结自己一生的言行事功，得出人生成功方程式，在其设定的三个变量中，他将"思维方式"确定为第一要素，且设定的区间值是 -100 到 +100，几乎可以毫不夸张地说，真正决定成败的并不是什么态度、细节，而是思维方式。好的思维方式也就是有品质的思维，是一个人最为重要的财富，而其"好"和"有品质"，就表现在该认同的充分高度地认同，比如公民之于法律、之于公德、之于家国；该质疑批判的毫不犹豫地质疑批判，比如我们面对每天几乎排山倒海而来的传闻、消息，所谓新概念、新名词、新理论。当然质疑和批判的前后需要沉思、分析，需要理据和判断推理。

二是坚守。长期尊奉某一原则、理念，从来不改某一理想、信念，一生只做一件事，终生不悔，至死不渝。百年工艺，百代产业，千秋家国，经磨历劫，沉浮起伏，最终巍巍屹立，历久而弥新。这需要代代相承、一以贯之的捍卫和"坚守"。坚守源自理性，源自对于坚守事物发展前景的深刻认识和价值的精准判断。坚守需要坚强的意志、韧性和毅力。坚守者从来自律，从来低调，从来傲世孤立，如"举世皆浊我独清，众人皆醉我独醒"的屈原一般的清流，永远不会为私利而牺牲信仰和梦想。

三是利他。人分三六九等。有毫不利己、专门利人的苦行僧，也有拔一毛以利天下而不为、智商或高或低的精致的利己主义者，也有从利己出发而终于利他的"兼爱"主义者。这三类人中，要求所有人都成为第一种人不太容易，但要求人们拒绝做第二类人，成为第三类人，并努力渐进为第一类人，这可能是我们的教育和我们每一个生命个体的理想目标。要如此，需要善良、宽容、豁达、大度，需要推己及人，像孟子所言，"老吾老以及人之老，幼吾幼以及人之幼"。

四是知行合一。从来知易行难，但儒家哲学却总把知行合一作为仁人志士、圣贤君子的基本标准。从孔子、孟子到朱熹、王阳明，杰出者代不乏人。近代以来，陶行知先生从知而行之开始，一生致力行其所知，终至于知行合一，成为百年间中国罕有的教育家。当"立德树人"逐渐为教育人所认同，也就意味着"知行合一"这一育人者固有的特质正在悄然回归。

有品质的"思维"，才能产生卓越的创意和思想；而"坚守"，才可能使思想成熟并升华，才可能使创意转化为科学或者技术；"利他"加上"知行合一"则可以生成卓越的领导力，产生无坚不摧的创造力量，从而水到渠成地立德、立功、立言。

人格何来？来自家风传承、环境熏染以及教育人的言传身教。但最为重要的还是，生命个体自身的榜样学习、刻意追求以及坚持一生且片刻也毫不懈怠的修炼。古人说，一曝十寒；又说，慎独；我以为，内在修炼是成就人格至为重大的工程，这应当贯穿你我一生。

师生关系的三重境界

曾读《列子·汤问》中"薛谭学讴"的故事，内容如下：

> 薛谭学讴于秦青，未穷青之技，自谓尽之，遂辞归。秦青弗止，饯于郊衢，抚节悲歌，声振林木，响遏行云。薛谭乃谢，求反，终身不敢言归。

拜秦青为师学习歌唱的薛谭，自以为学成，打算辞师而归，仅因为秦老师的一场"送别"演出的"特别精彩"，竟导致薛谭打消归意，重回师门，且"终身不敢言归"。不知后来薛谭是否真的一直未出师门，也不知道他后来在歌唱界有无赫赫名声。现在似都已无从查考，但"终身不敢言归"，如此从师的始终不渝的坚定，留给我们很多想象的空间。

从学生薛谭看。年轻气盛，自以为是，自以为学成实则并未完全学成，贸然"言归"，显然不妥。再一次"投拜"，知错而能改，善莫大焉。但后来竟至于"终身不敢言归"，应属于不可理喻。如若不是秦青师德授意或者暗示，而是学生薛谭后来或者因为天赋不济，或者因为学习不努力，自甘沉沦，并进而缺少自信，缺少豪壮之"胆气"，那只能说明薛谭是一个始于盲目而终于平庸的无能之辈。

从老师秦青看。假如上述关于薛谭的分析成立，那秦青似乎并无可以指摘之处。问题是，秦青的值得怀疑之处也不是没有。在郊衢为薛谭"饯行"，礼数甚周，但千不该万不该以自己平生绝活来震慑弟子。是为了显摆其才，还是为了"阻碍"弟子辞归？如是前者则显得浅薄，哪有先生在弟子面前显耀自己的？如是后者，那很不地道，不鼓励弟子羽翼丰满即展翅高飞，却要为一己之私强留之且用这样不很光明的手段。核心的问题是，这暴露出为师之不尊不厚，给人感觉秦老师近乎教狗技艺的那一只猫，教千教万，最终还是得留下"上树"之绝招，以作为撒手锏或者自保的良策。当然，也有另外一种可能，因为秦青知道，天下没有不散的宴席，薛谭已经很是优秀，但人生道路漫长，发展无止境。如何给今天的学生也是未来自己的化身，进行一次最后的教育？"郊衢"之"饯"则是精心设计和安排的一个好"局"，一幕教育"默剧"，虽然有歌有声，但就是没有一般庸俗教育的"大言说教"，而是"身教行范"。这可谓"此时"无教胜有教。其隐喻的意思就在于，未来要靠你自己，思索，探求，独立创造，走自己的路。就此而言之，秦青是一位用心良苦、诚以待生的良师。

这一史实，千百年来一直是励志的，劝人谦虚、尊师，显然是个历史佳话、教育经典。古人古矣，但这一点也不妨碍我们对之作一点心理学分析。其中的因果、来去，其中的延伸、发展，一旦放飞想象，我们会获得许多有关师生关系的启迪。

如果没有秦青的"饯行"，或者如果秦青"饯行"而薛谭无动于衷，不再投拜，其命运可能会如何？这里一定有无限的可能，无数种选择。

薛谭终于回到家乡，且决意自主创业。比如在家中偷偷教几个学音乐的学生，假如秦青老师"小肚鸡肠"，一旦得知，极有可能会多方设法甚或不择手段打压。极为有限的资源和商机，小小的徒弟怎可以分走"一杯羹"？

薛谭退而求其次，征得老师同意，以"秦氏"名义开坛设馆，从此其家乡就多了一个秦氏音乐家教"连锁店"。什么东西都复制老师，经营项目、课程设置、授课时数、收费标准都与之保持高度一致。当然，还得按照当初的约定，上交相关费用。就是说，薛谭你不管走到哪里，你总跳不出我秦老师的手掌心。

有没有这样一种可能性呢？在秦老师的竭力鼓动下，薛谭勇敢地迈出师门，又勇敢地自立门户，像当初的秦老师一样开馆设帐，带徒授业。薛谭不负师望，努力上进，事业发展，经济兴旺；还隔三差五不远百里，再去向老师请教，尤其是学其思维和方法，效其突破和创新。秦老师则乐不自禁，总是在公众场合大力褒奖自己的得意门生，甚至诚心夸赞弟子对自己的大胆超越。

同学，你最欣赏本文想象中的哪种境界的老师？你愿意做哪种境界的学生？

你今天怎样想，明天也许就会成为什么！我们成为什么，未来我们的家园也就会成为什么！

| 第三辑 |

明辨人事

没什么"门脸"的普林斯顿大学

"普林斯顿大学远吗？"我问孩子。孩子告诉我："同属于新泽西州，大概 1 小时路程。"我说："一定要去看看。"孩子说："早知道你的心思，我们计划就是这两天休整，周末去普林斯顿大学。"

说话间就到了周末。前往普林斯顿的旅途是欢快的。虽然是深冬，高大的树木一律脱卸了它们春夏时"横溢才华"的盛装，但其挺拔的树干、疏朗的树枝和一律青灰的色调，在尽管刺目却依然无力的阳光下，显示出与常绿乔木和人工修剪的灌木完全不同的风格：深沉，崇高，悠远，像成熟、稳重、志存高远却又绝不炫耀张扬的中年男子。隐现在森林中的是一幢又一幢格调各异、几乎都那么小巧玲珑的民居。随意、整洁、参差、有型，显示着主人们的殷实和富足，高雅和自信。

也就五六十公里的路程，心里有着朝圣的激动，想象着这样一所世界名校的外观和内蕴，形象和文化，还不自觉地用心勾画着不同版本的形象。

一直专注开车的孩子看坐在前排的我有点定神，提醒我注意车外的景象变化。我发现，树木越发密集而且高大，显示出特有的古老和沧桑，在冬日的阳光下，零星坐落在树丛中的民居建筑越发古老、豪华和典雅。它们或造型奇特，或斑驳陆离；有的一幢建筑占据了数十上百亩地，背倚高大树木荟萃的森林和绵延起伏的群山，面朝一望无际、绿茵如画的草地。不时会看到主建筑旁边的游泳池、网球场，车库中停放的或朴素或豪华的游船。

儿子告诉我，这已经是普林斯顿镇，这是新泽西一带最好的区域，也是富人聚集的地方。这里还居住着不少华裔。

我们绕了两个街区，终于停好车子。步行到一个街角，孩子说，普林斯顿大学到了。

眼前是一座座高大古老的建筑，汇聚成一个建筑的博览馆，透过巨大的落叶乔木稀疏的枝条，如画般铺排在我们面前。惊叹之后，我们几乎是忘我地扑将进去。

孩子说，这些建筑有200多年的历史。它们或圆拱，或尖顶，墙壁很多是由嶙峋的花岗岩砌就，大多藤蔓缠身。在高大乔木的掩映下，越发显示它们的古老、沧桑，越发显出它们的高贵、神圣。200多年，这些建筑以它们的厚重、敦实，积淀下爱因斯坦们的智慧，积淀下诺贝尔奖的内蕴，也积淀下整个普林斯顿"为了给国家服务"的平实而崇高的教育文化。

我们在校园中漫步，用惊叹和照片，表达我们对这样一座世界一流名校的羡慕和崇敬。儿子所在的新泽西州立大学与普林斯顿大学是同一时期的。据史载，建校之初，两校曾经有过一场比赛，新泽西还赢了普林斯顿，为此，普林斯顿人一直引以为憾，据说后来终于找到了一个报一箭之"仇"的机会，并且成功了。但两所学校整体实力当然不可同日而语。因为这些，儿子对拍照有些勉强，他的想法是，任何一个学生站在普林斯顿的校园，站在它的建筑旁边，站在它的每一棵树的下面，都应该感到渺小，生发崇敬，进而内责而自励。我听罢深感欣慰。

穿行在古老的建筑和参天苍老的大树丛中，我们在惊叹之余，更多地在思索，这样的大学，我们国家什么时候能够出现？

我们一边思考一边往前走，孩子忽然说，我们已经走出校园了。但实际上，所谓走出，是因为我们到了该镇居民的生活区、商业区，而两者之间除了简易的铁栅栏和一条不宽的道路的阻隔，是没有什么分别的。

忽然，我想起一个十分重要的问题，不禁问孩子："刚才我们是怎么走进校园的？普林斯顿的校门在哪儿呢？你看，刚才太激动了，怎么进门的都不知道了。我们总该在大门口留个影吧？"孩子说："有啊。"我说："在哪？"孩子说："就是刚才进来的地方啊！"我说："怎么可能？"孩子说："不信我们再去看看！"原来，我们的车实际就停在大门对面的小道上。

那是怎样的门呢？就是极其简易的铁栅栏门。看上去似乎抵抗不了什么冲撞，就是陶渊明所谓"虽设而常开"的一类。

算一下其造价，无论用美元还是我们人民币的思维，都应该是非常非常便宜的。

太不相称了！这是我的第一心声。在我们国家，纵使是一所小学、幼儿园也不至于弄得如此寒碜！不是"人要脸，树要皮"吗？怎么可以如此不在意自己的"门脸"呢？

内涵的、实质的、顶用的、求真的教育，何时能成为中国学校的常态呢？

在大学寻找围墙

【说明】2009年春节，我到孩子读书的美国生活了一个月。活动范围在纽约和华盛顿一带，居住在新泽西州立大学。所见所闻，当然会引发所思所想。因为《江苏教育报》的邀约，零星记下其间的片段，也算不虚此行。

深夜来到孩子学校的公寓，因为坐在车上，加上长途飞机的劳顿，根本不知道是如何走进房间的。

第二天一早醒来外出跑步。地面积雪正厚，天空布满朝霞。渐渐地，太阳升起，阳光异常刺眼。我沿着校内公路不知方向地乱跑，很想找到学校的围墙。到处是草坪，到处是森林，到处是公路，到处是停车场，相反，建筑倒是稀稀落落的。与国内大学的概念完全不同，建筑一般不高，三五层而已，大多色彩朴素，甚至有点单调。晨风凛冽，刺脸冻手，跑过千米，才有些许热气。沿途不见一个人影，偶尔有车辆驶过，有些是校车。旁边有一条稍宽些的公路，各种车辆穿梭，十分快速。是一条干道，我想。看着这些，不禁令人怀疑这是不是真的在一所比较著名的大学校园里。

一直没有围墙的踪影，无论如何，也一直未曾找到校门和类似校门的建筑。

倒是不断地看到并走进村庄，看到古树参天、一望无际的森林。

一个多小时后回到公寓，问孩子才知道，我见的那一段相当繁忙热闹的公路是一条在校园边际插过的高速公路；学校本就没有什么围墙，故而也就根本不可能有什么校门。孩子还说，"这么大的面积，这围墙如何造"。

这所学校仅布朗校区就有数千亩土地，加上在纽瓦克和肯顿的两个校区，占地上万亩，学生有五万人，这个学校是美国最古老的大学之一，是全美最早兴建的第八所大学。当年与普林斯顿大学、耶鲁大学等几乎齐名，曾经是耶鲁的姊妹学校。

大学没有围墙，令人不可思议。

经过几天的观察，我逐渐弄清楚了该学校的整体面貌。以孩子租住的公寓为出发点，向北是一片巨大的草坪广场，广场的边际就是高速公路，路北就是毗连着的一个接一个的村子。向西，由一条冰雪覆盖却仍然听到流水潺潺的小河隔开着的，是另一片村庄，村子的南部，紧挨着校园的是十分茂密的森林，应该是比较原始的森林。一直往南边去，要沿着西边的公路走好几公里，才似乎看到学校最南面的边界，因为那同样是一条十分繁忙的高速公路；奇怪的是，看似处在校园范围内的这一个南片，几乎没有什么学校的建筑设施，只有高低起伏的草原、大片的森林、明镜般的湖面，而在这如画般的原野的边际，在森林里，却又隐现着许许多多的别墅人家。东部呢，太过遥远，只有一次，孩子上晚课，开车顺路带我们去看他上课的系科，一会儿校内公路，一会儿校外公路，七拐八绕，晕头转向，终究没能弄清是怎么回事儿，一个月下来，就是未能搞清东部的边界。

只要有空的时候，我总会和孩子讨论一些问题，比如安全。这样一所没有围墙的学校安全吗？孩子回答得直率简单："你只要看看邮差递送邮件的方式就知道了。"孩子经常网上购物，因为经常不在"家"，邮差总是把邮包——或者是一块手表、一架相机，或者是一台电脑甚至其他更为贵重的东西，直接丢在公寓的大门外，不止一次，我们就是在晚上回来时在大门外的地上"拣"回属于自己的邮件的。而这一公寓与外界没有一点阻隔，而且管理上，根本没有我们通常想象的摄像监控系统。

那么，这样的缺少边界，没有围墙，与周边的"邻里"——或者个体，或者单位，会不会产生纠纷呢？

从来没有，反正我们没有看到也没有听说过。孩子说："你这是用我们国内学校的经验来观照美国人了。"只要到附近的村子里走走就会发现，幢幢别墅之间很少有人家用什么围墙和栅栏隔开的，自家的草坪也就是人家的草坪，"美好"是真的与人分享或者说共享的。

交流多了，或许是感到好奇，或许是因为厌烦，孩子就会反问我："你的这种思考问题的方式是有问题的，为什么学校、教育一定需要围墙呢？你这是不是一种关于教育的'围墙思维'呢？"

围墙思维？我愣住了。

是啊，学校围墙之有无，表面上看是一个简单的现象，尽管这跟社会现实、文化背景和公民整体素质都有关系，但实际上也暴露出不同的办学理念和教育思想。学校不过是整个社会系统的一部分，是大多数人生活必经的一个场所，本不应游离于社会生活之外而"孤独"地存在。我们总是争论着究竟"教育即生活"，还是"生活即教育"；我们还喜欢咀嚼是"行而知之"，还是"知而行之"；我们总是责问着是开门办学，还是关门办学；我们高喊素质教育已经很多很多年；我们对"公平教育"概念的阐发已然细致入微；我们甚至在课程改革的方案和计划中赫然列出"地方课程"，增设"社会实践活动"课程，各学科都突出综合实践活动的教学模块……但是我们的学校困局，我们的教育问题，该存在的还继续存在，该发生的还是不断发生，比如从幼儿园就开始的优劣巨差，从小学就已起步的"甚嚣尘上"的应试，学校与社会、教育与生活的距离越来越远……问题的症结究竟在哪里呢？

是学校围墙的问题，还是如我这样的教育工作者的人们的思维的问题？而这种围墙思维以及表现为围墙的坚硬的壁垒，在我们的孩子"人生观""价值观""世界观"渐进形成的重要阶段——学校教育和生活阶段中始终如影随形，似乎与生俱来，是不是也会集腋成裘、约定俗成为同样的甚至有所超越的"新围墙思维"呢？显然这与新思维、创新思维、创造性思维是南辕北辙的。

如果是，这些"围墙"又如何推倒呢？

沈茂德：校长教育家的江苏样本

在江苏名校长队伍中，省天一中学的沈茂德无疑是一位极具魅力的教育家型校长，或者也可以说，沈校长是一位名副其实的校长教育家。

关于"校长教育家"，著名的教育理论专家孙孔懿先生在他的代表著作《论教育家》（人民教育出版社 2006 年版）中这样阐述：校长类教育家应该是学校管理专家，属于教育实践家，或者说是实践的教育家。孙先生认为，校长类教育家，是指有创新、有贡献、有影响的教育实际工作者；和所有的教育家一样，崇高的人格、闪光的思想和丰硕的业绩，构成其内涵和影响力的主要元素。

一

天一中学最近 20 年的发展几乎是跨越式、超常规的。这主要源自沈校长及其团队崇高的教育理想和思想，优秀的教育理解和主张，以及在此基础上的踏实的教育践行。在应试异常惨烈的现实背景下，他们不讳言教育教学质量，但是绝不仅仅只有单一的学科教学质量、高考升学质量，而是放眼世界，对接国际教育，着眼未来，指向学生一生的发展。天一人，艰苦备尝，收获的是一届又一届学生的高质量、真素质。由此天一中学成为省内外国际化程度最高最优的学校之一。

天一中学与世界教育最为发达的国家和区域有着广泛的联系和合作，很多一流高校将天一作为国外重要的生源地，而且授权沈校长可以直接选荐优秀的高中学生。这是自身的开放赢得的高度信任和尊重，更赢得的是对方的更大程度的开放的回报。

二

那么这个学校的"掌门"沈茂德又是怎样一个校长呢？

一位曾经从南京到该校借读的学生自豪地告诉我：我们天一的学生与校长是平等的，有时甚至不分彼此，比如说，我们总是称沈校长为"茂德兄"。纡尊降贵，敞开胸怀，把自己置于与普通学生同等的地位，与学生平等对话交流，与学生推心置腹地说话，其赢得的不独是学生的尊崇，关键是潜移默化地培养起孩子的民主意识、平等观念和自由精神。

不仅仅是沈校长本人，天一中学由于沈校长坚持不懈的苦心引领和"经营"，其团队和教职员工同心同德地不息奋斗，逐渐积淀、生长并完善的学校课程体系以及由此支撑起来的学校"文化"成为了她最为卓越的学校元素和教育亮色。

天一中学有着十分独特的课程系统。首先是"柔性课程"，通过学校环境、学习资源的精心建设，让学生在绿色森林、田园牧歌的自然温馨中，获得人文情怀的浸润和滋长；内容丰富、博大精深的综合课程和家庭课程，让学生通过自主学习、自选研修、主动探索和个性追求，超越学科中心，在奠定核心素养的同时，夯实基础，并拓展学养的长度和宽度；特别"定制"的名人课程和家庭课程，让学生点燃梦想激情，丰富养成教育，在家校一体中实现道德的真正成长；基于本土实践的国际课程，让学生打开全球视野，生长国际意识。

正是依靠这样的课程体系，天一中学的教育充满了人文情怀：在教师眼中，"每个孩子都是一座金矿"，学校努力"让每个学子在天一校园享受成功的喜悦，让每个学子的个性和才能得到最大限度的发展"；基于这样的教育理念，教师们形成了"敬业奉献、崇尚科学、追求卓越"的"天一精神"，致力于培养"积极的生活者"；由此一批又一批富于"天一气质"

的优秀学生被培养出来。永不可轻忽的是，"诚"作为校训，是天一中学课程体系的最高纲领，更是天一中学文化的精神内核。

这些在沈茂德校长身上也体现得异常充分。

三

每年的下半年，天一中学都会有一个大型的面向全国的教育教学的对外开放活动，来自全国的千名以上的高中教师和校长汇聚天一，共话教学改革，共谋教育发展。该活动免费、无偿，没有门槛，不设条件和界限，来者为客，上门是亲，天下教育是一家。宽厚大度，赤诚无私，这是真正的教育家型校长的教育境界。

2015年暑初，因为教育部名校长领航工程的相关工作，沈校长以参训名校长学员的实践导师的身份与我一同前往新疆生产建设兵团名校华山中学及其相关对口支持学校，进行教育的"精准帮扶"。所到之处，他为相关学校出谋划策，提供思路，提供策略，将自己优秀的教育资源毫无保留地奉献出来，现场办公，即时解决，并慷慨表态，用联谊的方式，对口支持相关学校教育诸多领域的快速进步和发展。这样的真情奉献，这样的"干货"推送，这样视他校为己校，表达的是沈校长的赤心、博爱和极为难得的家国情怀。

在南疆皮山团场学校一个民族孩子的家里，我们专家组成员都被该家庭的极端贫困和艰难所震惊。家徒四壁，一贫如洗，没有母亲，只有一个神志不清的父亲，带着两男一女三个孩子过着有一餐没一餐的日子。晚饭似乎是在不能叫灶膛的柴禾堆上烧一锅清水，将一堆干面烫熟，然后又在盆里用凉水凉过，最终一家人在全无菜品和佐料的情况下，慢慢地吃下。我们是在夕阳西下时走进这个家庭的，正是做饭的时候，我们几乎全都静静地站在女孩——这个家里最小的正在上小学三年级的学生——做饭的现场，观看了她下面条的全部过程。全程中，没人帮她。我们全都看得惊心动魄，泪奔难抑。我走出屋外，坑坑洼洼的乡村泥道上，正洒下一点半点夕阳的余晖。只见沈茂德校长也从屋子里快速奔出，来到我面前，他一把掏出身上全部的现金，对我说："怎么会这样？这点钱，算是我的一点心意，你代我们一起表达吧！"

四

在我的眼里，沈校长十分开放。

开放是一种品质。它表现为胸襟博大，气度宏阔；它表现为海纳百川，泰山不让细土，故而有"风雨兴焉""蛟龙生焉"；教育的开放品质，表现为高瞻远瞩的教育视野，广收博览的学习风范，唯有这样的校长，能成就一所所老百姓真正满意的国际化名校，唯有这样的教师才能成就出教学实践或者教材建设等如星光耀眼的辉煌。

开放是一个空间概念。"不畏浮云遮望眼，只缘身在最高层。"开放者总是居高临远，因而取法乎上，常能领风气之先。教育的开放就是要定位高远，放眼全球，与最优秀的国际教育交流，与最优秀的教育模式对话；为民族和家国的命运着想，为儿童和国人的未来负责。局限于一隅，用小农经济的视角，死盯着一两个所谓教育致富甚至成功的样本，并放大而为"中国皆准"的真理，自然会在衡水应试的"温水"中昏昏睡去。

开放还是一个思维概念。开放的思维一定是立体而非平面的，一定是多元而非单向的，一定是批判地吸收而非认同着照搬的。教育的开放思维，总是在国情和现实的基础上，在深度的国际比较中，如鲁迅先生所言的那样"运用脑髓，放出眼光，自己来拿"的。

开放成就了沈茂德和他的学校。

五

在我的心中，沈校长极富情怀。

沈校长对于教育之爱、学校之爱、学生之爱，可以说赤诚、至厚。他以名校长和专家的身份走南闯北，但几乎从不会因此而耽误学校中任何重要事务和关键活动。到省中心来参与各类学术交流活动，几乎都是来去匆匆。留他吃饭，他都会告诉我们，晚上高三学生情况分析会他不能不参加；下午有一个家长会他必须到场；市里或者区里有领导现场办公，为学校办学争取什么项目……学校就是他的家，就是他的生命，这种教育情怀之于他，如影随形，如魂附体。

沈校长对于师生的尊重，罕见的真诚待人的平等，特别是对于师生情感、态度的关注，对于师生生活和生命的关爱和保护，对于师生成长和发展的维护和促进，集中表现出他身上极为难得的人文情怀。在当下应试导致的功利充斥的教育生态下，沈校长是一个佼佼者，这也是他深得师生喜爱，好评如潮的主要原因。

尤为重要的是，沈校长身上鲜明的家国情怀。

"家国情怀"是一个人对国家和人民的深情大爱，是对国家富强、人民幸福的理想追求。它是对自己国家高度的认同感、归属感、责任感的体现，是一种深层次的文化心理密码。这种家国之爱，在中华民族的历史上，如浩浩江河，载满浩然正气，源远流长，代有传人。从屈原的"哀民生之多艰"到杜甫"丛菊两开他日泪，孤舟一系故园心"，从文天祥"臣心一片磁针石，不指南方不肯休"到顾炎武"天下兴亡，匹夫有责"，慷慨悲歌，呈现的是一腔爱国热血；肝脑涂地，展现的是赤诚的"报国"情怀和精神。这情怀，惊天地而泣神鬼；这精神，感日月而动江河。中华古国因为它而总得圆满，中华文明因为它而总得存续。富于家国情怀的校长，从来关乎教育的立意高远。天一中学的教育着眼于长远，他们不仅仅关注孩子的今天，更为重视孩子的未来。他们从来不回避质量，但这种质量的获得，是基于孩子身心健康和教育基本规律的。

身处一所学校，情系整个教育，由一校之进步进而关注整个教育的变革，并且能够为现实教育的改变，殚精竭虑，苦心孤诣，理性思索，踏实创造，智慧表达，"出"有用之"谋"，"划"务实之"策"，那才是校长教育家；由教育进而重视教育的社会责任，国家使命，其言其行，始终以家国为己任，洋溢着家国情怀，那才是教育家型校长的大智慧、大胸襟、大气派，也是校长教育家的至高境界。在今天，对于教育现实的忧虑和关切，对于求真、向善、审美教育的坚守和倡导，对于摧毁人性的教育的高度警惕和批判，对于教育理想的深切呼唤和切实力行，对于一校进而一个区域的教育改革，特别是从一校小环境的微观变革做起，进而辐射和影响区域学校和教育的大环境，这种种的"言行事功"，既是现实中国教育对于优秀校长和教师们的殷切期盼，也是校长教育家们的精神追求和毕生使命。

这情怀，是沈茂德校长建立教育功德的精神之源。

茂德兄正当盛年，却就要退出他用一生中最为重要的青春年华耕耘出教育辉煌的天一中学，他自然会有许多不舍。虽然说长江后浪推前浪，一代更比一代强，但每当想到江苏大地乃至泱泱中国，像沈校长这样的校长教育家如凤毛麟角，而且其成长真的如跋山涉水，我的不舍中又更多了可惜，而且引发了对于当下我国校长选拔任用机制问题的诸多疑问。砍树何易？种树何难？十年树木，百年树人，校长教育家的树成，可是既要假以艰难时日，又要借助天意偶然！岂非难上加难？我们都应该重视、珍惜！

当然，花甲之年，在经历岁月的沧桑和生命的较多透支之后，更多地享受自由的生活，尽情感受生命的美好，也是理当应有的回报。从这个角度而言，这样一种制度性安排，倒未尝不是沈茂德校长命运的福音书，而且可以相信，这样的福音定然会唤醒并迎来其浪漫人生的第二春。

如此，我心稍安。且以一个教育朋友的名义祝他天道酬勤，仁者福寿！

| 第四辑 |

溯源教育

陪伴，是最好的教育

　　我的祖父，1949 年前，是家乡颇有名的私塾先生。60 年代中期，我刚刚懂事，他伴着我、我陪着他做过很多很多事。印象最深的是，每年春节前，帮着村邻写对联。腊月二十前后，邻里乡亲，就会从街上买来整张整张的红纸，卷成卷儿送到我家。祖父一一收下，并分别注上家长姓名，每年都会有二三十家。等到大半的人家送到，祖父会隆重地取出砚台，在砚台中注入少许清水，拿过珍藏既久也不知用过多少年的"固墨"——长长方方，像黑黑的金块，让我和他一起揉墨。砚台圆圆的，底部的中间上凸，水只能分布在底部的四周。所谓揉墨，也就是手捏着固墨的上半部分，以其下端蘸水，紧贴砚台上凸的底部，慢慢地来回反复摩擦，其固墨底端的墨便一点点溶解，渗入水中，慢慢地，就形成了墨汁。揉墨是仔细活，靠的是耐心，我总是揉一会儿，停一会儿，或者出去转一会儿，祖父总是笑笑，自己接过去，慢慢地接着揉。

　　揉墨的同时，祖父还要和我一起计划裁纸的事儿。这是东邻吴家的，一大门、后门、四房门，还有厢屋的大门、房门，各类门联都得有门中、门楹；那是西邻王家的，与吴家比，多了两房门，都要算得清清楚楚。那时农村邻里，几乎不分彼此，相熟如一家。数字出来了，祖父便根据各家对联数量和大小门宽度，对照各家提供的红纸张数，掰着手指认真计算，以使大抵相当，再将各家的红纸，一一如数折好。这时候，似乎早有默契，祖母拿来缝纫专用的"洋线"——非常细滑，有点韧性，我知道，这是要正式开裁了。祖父拿着线的一端，我拿着另一端，将整段线对准折好的纸缝，沿着纸缝将纸对折，线便被夹进两层纸中了。祖父让我紧捏着线端顿住不动，他则拽着他那一头的线端轻轻外拉，只听得"嘶嘶"一阵，整张的红纸便被一次次两分了。这样反反复复之后，终于将每家每户的纸裁好。

写对联倒相对是一件比较轻松的事。我用手轻按住对子纸的顶端，祖父站着奋笔疾书，至于写什么，则似乎全都在他的肚子里藏着，随时调出，不假思索。待到我上小学时，对对联也略懂一二，多少也会参与一点意见。比如有孩子读书的人家，便有"为善最乐，读书便佳"；有老人的，便写"谁道人生无再少，门前流水尚能西"；纯农家庭，多写"丰年余庆"；有知识的，则来一个"岁寒三友"。我的意见也常常会被祖父采纳，有时我信口开河，他稍作改造，居然就成了联语，让我特惊奇，特有成就感。

写好的对联，被一一摊放在四五间屋子的桌子、地板甚或床上。待到墨迹彻底干透，祖父极有耐心地按家分别收拢归齐，轻轻卷起，用洋线扎好，放在堂屋的八仙桌上，等待邻居来取。

有时候，邻居较忙，无暇过来取对联，祖父便让我一一送去。邻家长辈的满心欢喜，虔诚感激，写在脸上的笑意，让我享受到助人带来的特有的快慰。

正月初一，到各家去拜年，看着我与祖父"合营"的杰作，当着小朋友的面大声朗读对联，有点自得，有点炫耀，那是特有面子的事儿。

春节是中华民族最为重要的节日，在我心中，陪着祖父为邻居写对联，是我春节中盛大的事件。从对联识文断字，从对联知书明理，从对联了解山水自然、民情风俗，在这一过程中，长智慧情怀，通人性世事，知乎家乡家国，学得乐善好施，由此，我慢慢长大。

"福泽"，是最好的教育

福建三明有一所名为三明学院附属小学的学校，学校确立了"福泽思想，幸福教育"的理念。在感受了该校生活，深入了解了该校林启福校长和他的团队、学生之后，我深觉，"福泽"，是一种好教育，"福泽教育"是一种卓越的教育哲学。

福泽，是关于教育的科学的表达。

"福泽"，福之大泽，这是对于学校和师生教育教学关系的贴切准确的描述。学校本身就是一条注满幸福之水的长河，老师则是一条条水源丰沛的幸福小河，在这样的学校和老师的熏染教育之下，学生未来都应成为无数的幸福的小河。"福泽"，以学校和老师之"福"来润泽学生，润泽他人；学生终有一天又能以自身之福来润泽他人，润泽社会，并进而反哺、润泽学校。就此而言，教育，就是人与人之间幸福的润泽，而且是立体交互的润泽。

福泽，是基于教育现实的理想追求的表达。

"福泽"，泽被天下，泽之所"被"，应该是普惠的，应该是公平的，绝无厚此薄彼的；而"泽"的动态的过程，恰恰是教育应有的姿态，那就是静静地缓缓地浸润，就像"随风潜入夜，润物细无声"；这种舒缓、沉静，内隐着一种精神和哲学，那就是耐心、忍性，期许和等候着生命的幼芽和清纯的儿童静悄悄地"生长"。这种表达的深刻，是因为对于现实教育的观察和思考的真切；而这种理想的追求，表现的是林校长及其团队成员教育的大爱和良知。

福泽，优秀的理念还应有扎实的教育行动作支撑。

三明学院附小的校训是"从小事做起，把小事做好"，恰恰对应了"福泽"之"泽"性。涓涓、滴滴、细细、悄悄，可以说，起点在微小处，但又落点在大福中。这样一种基于儿童视角和立场的深入人心的简明、质朴的话语方式，在当今学校文化建设"高大上"成风的大潮中，很是另类，却又是难能可贵的返璞归真。不仅如此，学校已经建构的"七色花"德育课程以及正在建构并完善的福泽教育课程体系，都为这样的教育实施提供了至为重要的"物质"保证。

"福泽"教育观，根植于我国儒家教育的优秀传统。有教无类，因材施教，除了呈现出孔子教育的一种基本原则和策略，更表达了"让每一个受教育者都能公平地受到教育，都能受到适合自己的教育，获得应有的发展"这样一种博大的教育家胸怀和理想。这可以说是"福泽"思想之源。林校长偶尔会讲起他自己的教育经历和故事，他感恩于亲人、老师、同伴、领导甚或家长。他以为，受惠于他人并进而播惠于世界和未来，这就是教育和传承。这应该是"福泽"教育之基。

什么是一个校长和一所学校的教育哲学？美国课程学者泰勒认为，学校的教育哲学指的是对美好生活的看法所持的价值观，以及对社会适应、社会改造和社会分工等问题的态度。它不是一般的学校发展理念，也不是带有认识论和方法论意义的教育理念，而是积淀在学校中的历史传统，反映了学校的发展背景，体现着校长和广大教师共同愿景的核心教育理念。

以此来观照三明学院附小的"福泽"教育，我们会发现，"福泽"就是三明学院附小的教育哲学，而且是优秀的教育哲学，因为林校长的思考是"哲学"的，他的教育哲学的建构是科学的。古人云："筚路蓝缕，以启山林。"林校长名为启福，也许是天造地设的机缘，林启福校长一心要开启的，是三明学院附小的教师和学生的幸福之门，而"福泽"哲学，体现的是基于规律的个性、有所根据的原创和极具智慧的表达；"福泽教育"的践行，实现的是教育的公平、普惠、生长、温润、细腻之功，这正是现实和未来基础教育所要达成的至为关键的目标任务，这也是教育的无量功德。

福泽，启福，在林校长这儿名副其实，实至名归。

教育启蒙：教育转型的关键

岁末年初，两则教育新闻并至：言辞一向锋利的教育研究者杨东平放言，中国家长对孩子"太狠、太敢下手"；南京财经大学几位学生近期调研结果表明，江苏南京、无锡等地中小学生寒假补课参与率达到 74.7%，其中被动补课者占比 81.2%。两则新闻好像"心电感应"，前后虚实互补，真是道尽了眼下中国基础教育莫名的"悲哀"：应试已经不是学校教育的"专利"，应试早已是全民的"合唱"。当然也有另辟蹊径者，同样在杨东平的报道中，有如下一组颇为让家长宽心、让教育工作者"揪心"的数据："上海高中的四大名校，出国比例从前几年的平均 10% ～ 20%，上升到现在的 30% ～ 40%，再加上名校高中的国际班，有的学校学生出国的比例已经超过了 50%。复旦大学附属中学今年参加高考的学生是 500 名，另外400 名不是保送就是出国了。"高攀外枝，对于有钱的家长来说，似乎是孩子成长发展的第三条道路。

新闻关涉的是家长，现象的根源显然在基础教育，在学校教育，在关乎孩子成长的教育。

而最近这十余年来，从上至下的教育改革，几乎从来没有停息过，而且从来都是石破天惊，山呼海啸：第八次课程改革倾全国之力，历十余年而不稍衰；教育均衡和公平的推进以从未有过的决心、气魄和速度，让教育装备、软件的现代化惠及几乎所有的中小学，而校长和教师轮岗制度、"乡村教师支持计划"的实施，则力图使优质教育的阳光洒向中国土地上的每一个孩子；如今，依靠网络支撑的"翻转课堂"，从高考开始的评价制度变革，借助"核心素养"理念支持的教学改革"深化"，正纷纷酝酿或者即将起航。但即便如此，孩子教育教学的学校环境和社会生态似乎一直在恶化而不是好转，对于基础教育的质疑和批评也一直从未断绝。上述两则新闻不过是其中的集中代表而已。

那么，这一问题的关键和解决问题的良方又在哪里呢？

我以为，从上世纪中期发端的教育"应试"，经历20年近乎"无坚不摧"的发展，已经近于"极致"和"极端"。"应试"之侵蚀人心，犹如温水之煮青蛙，一步一步，一点一点，蚕食鲸吞，硬生生、活脱脱地摧毁了国人对于教育的基本认知、科学理解。这里的"国人"，包括民众、官员，包括非教育人士和教育人士；这里的"摧毁"，只有过程的快慢，少有结果的差异。现实之中国，教育内外、社会各界，几乎少有例外地达成共识：基础教育就应该如今天这般直指分数和升学，孩子学习就应该昼夜不休、苦不堪言。因为这样的"共识"，当下之中国，如果敢有人为孩子学习生活的痛苦"叫屈"或者倡言改革，如果敢有人为学校校长和教师的教育"应试"生活的"艰难"鸣不平甚或推动减负，都将遭遇或来自民间或来自行政的百般干预和阻挠，而最终胜利的"满意"的一方，一定是"人民"或者代表人民的某些"行政"。甚至连一些学校所进行的旨在减轻学生负担的教学改革，居然开始遭遇来自受益方学生自身的质疑和抵制。

但很少有人问：真正的教育呢？孩子的终身发展呢？

于是，当教育转型已经成为中国转型的关键甚或前提，应试成了教育转型的主要矛盾或者矛盾的主要方面，我们能做的或者说迫切要做的是什么呢？我以为只有"启蒙"！通过种种努力，告知国人：什么是真正的教育？孩子为什么要接受学校教育？孩子到学校究竟应该接受什么样的教育？在这些教育的本源问题、"初心"问题上渐成共识，教育回归真教育才有可能。

这需要从上至下，从教育到教育外，从教育人士到非教育人士的共同艰巨的努力！

理性："赏识"教育的精髓

——《常州市丽华中学赏识教育案例集》序

近年来，我国的学校似乎都一下子迈入了"文化建设季"。谈学校，不论文化，到学校，不看文化，论教育，不提及文化，似乎都显得外行、不靠谱甚或被人"另眼"相待。但看过了太多学校的"学校文化"，参与了太多学校的文化建设工作，也经历过所在单位文化建设的过程，对很多区域和学校已经或正在进行的文化建设工作，似乎有些"审美迟钝"，有些"神志恍惚"。写在墙上、落在纸上、镌刻在石头上的那些被冠之以"理念""哲学""价值观"的所谓"文化"真的有那么重要？如此规模宏大的"煊赫"言辞、"炫耀"方式，真的可以提升现实学校教育的内涵、品质和品位？真的可以撼动中国教育应试的冰山？问题是，究竟什么是真正的"学校文化"？真正的文化是怎样成长起来的？这可能是问题之关键。

读《常州市丽华中学赏识教育案例集》，一方面让我越来越读懂了丽华中学的教育文化和丽华中学，另一方面也让我对学校文化、文化建设诸问题有茅塞顿开之感。

这所学校在数十年办学历史中逐渐建构的"赏识"文化，应该是比较系统和完善的，从本书所呈现的"赏识"文化的内涵解读、"赏识"规范用语等内容来看，这些与其他相类似学校的文化建构似乎并无多少差异，也不是那么绝对高明，只是可能做到更加细腻、更加具体、更加实在和到位罢了。但让人震撼的在于，本书呈现的那一个个真实、灵动、鲜活的案例，而且主要是成功的教育案例，让我们看到、听到或者感受到这样一种学校教育文化早已渗透到学校中每一位教师的教育教学生活，教育教学生活中的每一个细节，早已实实在在地影响、感化着学校中的每一个学生甚或每一位教师自己。什么是"文化"？真正称得上"文化"的，一定是具有引领生命成长意义的活生生的历史、哲学和价值观，而且这样的历史、哲学和价值观其作用于教育对象的过程，也即"以文化人"的过程、动态才是真"文化"。不仅如此，这样的"以文化人"的过程一定是通过学校教育的重要载体——教师的"言传身教"予以实现的。丽华中学的文化建设的实践几乎可谓是学校文化建设的一个典范和样本。

由此，我不禁想对"赏识"教育发表一点个人的看法。

何为"赏识"？《辞海》"赏识"条："赏识，认识到人的才能或作品的价值而加以重视或赞扬。"为佐证之，还援引《宋史·欧阳修传》句"奖引后进，如恐不及；赏识之下，率为闻人"。由此可见，"赏识"作为一种教育方式，其中的要义有二：其一，"识"是"赏"的基础和前提。没有对被"赏识"对象的准确认识和理解，对其"才能"优异的把握，也就无所谓"赏识"。其二，"赏"是"识"的结果和评价。从教育的角度而言，"赏识"是基于"识"而有的自然而然的策略和方式。在这样的教育过程中，有两个要素不可或缺，一是教育者的思维理性。赏识不是为了教育而教育的一种方式，一种权宜之计，赏识是基于事实的有理有据的判断，并根据此判断而择取的科学而有效的教育策略。二是客观条件和事实是判断和评价的唯一标准。是什么就是什么，老母鸡不可以变成鸭，错误不可能变成正确，丑恶不可以当成善良。不过，教育的过程不排斥情感的渗入，评价的语言和表达的方式，融入真情，带着鼓励，充满善意，这与对客观事实的尊重和理性精神的坚守一点也不矛盾。

于是，我们是不是可以这样说，与"赏识"教育最为相关的教育元素是，基于善良的真爱，基于宽容的理解，基于理性的引领。

赏识不是一般意义上的"欣赏"。尽管对学生视同己出，充满爱心，有意重点培养，也可以整体长期非常看好，十分器重，但整体不可以代替个别，就事论事，问题和缺陷无论如何都不可以掩盖，不可以置若罔闻。任何时候，无论如何不可以忘了"识"以及基于识而有的客观和理性的判断。

赏识更不是毫无原则的表扬和激励。课改之后，不知从何时起，也不知出于何人之口，特别倡行"好孩子是表扬出来的"这一教育原则。表扬和激励一时成为很多课堂和很多学校教育教学制胜的不二法门。有老师上课，不论学生怎样回答问题，也不论学生回答问题的正误，一律毫不犹豫地"奉上"甜言蜜语。有学校居然为每一位教学人员"定制"了一枚"私章"，除了老师的尊姓大名，私章之中心赫然刻有一个拇指上翘的拳头。学校严格要求每一位老师批改作业时一定得加盖此章，"以资鼓励"，据说这是借鉴他人的对于学生发展绝对行之有效的灵丹妙药。当然，此等怪招、绝招还有很多，而且多假以课改之名，均强调放之四海而皆准。我还真不知道始作俑者为谁，也不知道这样做是否真的如卖狗皮膏药的郎中所言的那么神效立显。但有一点，其中显露出来的"非理性"甚或"反理性"是不容置疑的。

但有人要问，难道倡行者真的如你所言的那样不理性？如果真这样，为什么有那么多的人趋之若鹜呢？这倒要辩证来说。生活中真正非理性的人总是少数。但有理性特别是坚持理性并不是一件轻而易举的事儿，所以很多人是理性地顺应了"非理性"。课堂上，明明知道毫无原则的表扬有百害而无一利，但这样做何其轻松！不需要认真倾听，不需要仔细分辨，更不需要搜肠刮肚，苦于应对，只要用一句永远不变的"表扬"话语搪塞即可。盖章的事儿是天底下最容易的事儿，只要不涉及自己的利害得失，又有可能的效果在，至于事实果真如何，我关注它作甚呢？

但是一旦听任庸俗甚或媚俗、夸大或者虚假、无原则或者无底线的"表扬"和"激励"盛行泛滥，就有可能造成学生发展的"未来灾难"，我们就可能为之感到恐怖。当听惯甜言蜜语，天长日久就可能滋长虚荣，虚荣膨胀，就可能长于伪饰，甚至弄虚作假；不仅如此，当心灵在温润的"鸡汤"中浸泡久了，便会"娇娇"而易折易脆，而一旦这种脆弱形成定势，便无以经受生活中几乎一天都难以回避的困难、挫折、逆境和打击。现实中一些青少年学生偶尔出现的极端事件，很多跟这样一种"表扬"式教育是有关联甚或深度关联的。

制止非理性的最好的方式就是理性；用教育的理性培养学生的理性，可能是防止非理性和清理现实教育中某些非理性现象的关键。由此延伸，基于理性的批评、严肃的批评以及轻度的不伤及尊严的教育处罚都应该是教育教学中可以斟酌使用的策略和方法。

可以说，赏识实在是一种基于理性的教育方式；也可以说，赏识教育是大量的口号充斥的教育园地中难得的闪耀着理性光辉的教育。

正心·用心·进取心
——有感于《河滨路小学教师文集》

稍稍翻阅江苏省句容市河滨路小学教师的文集，很多文题清新可喜。《轻掬童心，趣学古诗》，一"掬"，一"趣"，教师的呵护之态，诱导之能，展示无遗;《识字的摇篮，美丽的邂逅》，以"摇篮"为喻，言老师教学之温和良善，"邂逅"则拟写出由精心设计带来的孩子课堂中不断的惊喜和意外;《稳健慢行：习作起步的行走姿态》，可以发现教学者的老练，《近乎道》，足以知其教育理解的精准到位;而《老师，请再多给我30秒》和《那节课，我总是无所事事》等文，其叙事的生动之趣，内容的灵性流畅之美，师生互动互通的教学相长之情谊，尤其是其中蕴含满满的以儿童之心为中心的立场和态度，让人无比感动和感慨。现实教育，口号充斥、言不由衷、名至而实不归的所谓"理念"和"文化"，损毁的哪里仅仅是学校？戕害的又哪里单单是学生?《河滨路小学教师文集》，让我有"邂逅"好友、偶逢知音的畅快。

这倒让我很想敞开说几句。

一是一线老师究竟应该如何研究。我一直坚持基础教育一线老师的教育教学研究应该是一种"业余"研究。之所以说"业余"，是要与高校和科研院所的专门研究相区别。高校和科研院所的科研是其本职工作，是它们存在的价值所在。中小学则不然，它们的职责是为社会和高校培养人才。但施教者教育教学能力和素养的提升，又离不开包括相关机构和教师自身的"研修"，离不开对于自身教学实践的"反思"，但这样的"反思""研修"应该是简便的、快捷的、灵活的、形式多样的，而不是"套路"的、刻板的，其指向应该是实用和教学改进。河滨路小学的这本文集倒将我的思路打开，因为在这里，我看到了百花齐放，看到了丰富多彩。文集中的文章，几乎涉及教育教学的所有领域，而其表现形式和表达方式却绝不千人一面、千篇一律。细读其中的部分文字，可以说是清新灵动，如行云流水，并非刻意地按照某种模式"套裁"和"拼接"，更多的是有所感而后发，汩汩生发并流淌自老师们心灵的小溪。

这样说来，以教学为主业的一线老师们的"研究"，真的应该也完全可以在扎实的教学之余，在一天辛劳的工作之后，顺应自己的"性灵"，"行于当行，止于当止"。

二是教师之成长究竟靠什么。思考这个问题的关键是，教师之成长，或者说成长之后的教师究竟应该什么样。我理解，教师之专业成长主要指教师教育教学素养的越来越优秀和卓越。也就是说，教师之优秀，其唯一标准应该是教育教学及其效果的绝对卓异，而不是其他。但现实是，经院式的评价和评价标准导致对中小学教师绩效评估的严重失误，扎实教书、成效卓著的教师在"高端"和"主流"那儿往往并不很受待见，勤勤恳恳的"教书匠"成了中性词甚或贬义词。这是当下中国教育最不可思议的事儿。2016 年"两会"，李克强总理提出当下之中国应该大力弘扬"工匠精神"，恰恰是针对近年来"泡沫"跃进式的发展模式和人才评价机制之"时弊"的拨乱反正。这引发我们对于优秀教师和优秀教师的成长更多丰富而大胆的想象。我认为，好老师之成长一般离不开下列三个要素：一是"正心"，这是为师的核心元素。这是就教师的品德而言。这是教师立身的基石，源自儒家的"修身"哲学。为师者一旦为师，就必须不断祛除各种不安的情绪，不为物欲所蔽，保持心灵的安静；心之本体，物不能动之，而无不正，于是无所偏倚的公正诚明至矣。如是所教之诲之的学生便可享受到公平透明如阳光一般的教育恩惠了。心正几乎总是与善良、诚实、悲悯、敬畏连体，这样的教师也才能契合现代教育对于教师道德的基本要求——"身正为范"。这是成为好教师的基本要求，也是底线标准。二是用心，它几乎就是成事的利器。这是就为教的态度而言。为教的态度犹如我们"劝"学生"学"的态度，要学生"用心学"，前提是我们得"用心教"。许多年甚至几十年为着一个目标，逐渐积累，专注一心，持之以恒，成功终有一天会在某一个早晨向我们招手。三是进取心，它是优秀者卓越的秘诀。这是就为教的精神而言的。进取心是一种自觉求进、一心向好的"先发"精神，实际是一种主动精神。自己要好，才是真好；自求进步，才有真进步。发自心底的声音，向善向上的欲念和行动，那是九头牛都拉不住的。

教育生活辛劳而艰苦，但教师工作也可以纯粹而简单。关键是总在正心，一直用心，并秉持永远不懈的进取心！总有一天，你会渐渐独具匠心，渐渐深入至教书育人的自由之境，于是，艰苦，可以活出快乐；简单，可以外显出闪光和精彩，也能内蕴意义和价值。

教育教学中"激励"的负效应及其消除

一

对于教育的权威的定义是这样的：教育是有意识地影响和促进生命个体身心发展、实现由自然人向社会人的高度转化的一种行为。也就是说，教育重要的是促成被教育者"身心发展"，使之有利于"向社会人转化"。这就有一个问题需要关注并研究："社会人"是什么样的人？

"社会人"假设是梅奥等人依据霍桑实验的结果提出来的。这一假设认为，人们最重视的是工作中与周围人友好相处，物质利益是相对次要的因素。社会性需要的满足往往比经济上的报酬更能激励人。虽然员工的工作效率会随着上司能满足他们社会需要的程度而改变，但员工对同事们的社会影响力，要比对管理者所给予的经济诱因及控制更为重视。

社会人当然会有社会需要，按照马斯洛的需要层次理论，人的需要分为五种，即生理需求、安全需求、归属需求、尊重需求和自我实现的需求。

这一需求理论和"社会人"假设从教育内容到教育形式给予我们教育工作者很多启示。

一方面，我们的基础教育的课程设计和设置究竟应该如何来安排？除了"智育"课程、生活生存技能方面的内容之外，道德、人文等的课程究竟应该通过怎样的渠道、方式和方法予以落实？如今智育课程的繁杂、艰深以及在教学实施中的膨胀和扩张已经将基础教育几乎彻头彻尾地功利化、势利化，应试已经绑架了家长、社会，进而将教育绑架，已经将教育拖离了健康和可持续发展的轨道很远很远。

另一方面，如何在教育教学的过程中运用科学的符合规律的方法，正确引领学生健康成长和发展，顺利实现"社会人"的转变，这直接关乎孩子的未来，社会和民族的未来。

讨论这些教育问题，我们似乎可以换一个视角，可以从现实的国民整体素质状况方面作一些观察分析。从中应该可以获得很多关乎教育问题解决的启示和帮助。

在教育言教育。尽管我一直坚信也"自信"，教师群体是目前中国社会相较于公务人员和医务人员最为优秀的社会群体，属于精英人群。分析这类人群的状态和特点很有典型意义和价值，让我们从中看到整体国民素质的某些不足。

中央曾推出旨在较高程度地增加教师收入的"绩效工资制度"，一夜之间，几乎全国所有的中小学幼儿园老师的工资待遇，都有明显的不同程度的提升。但全国各地各校工资方案出台的过程，也是一次次异常艰难的"博弈"。教育行政部门和很多校长为此苦心孤诣，却又焦头烂额。

围绕多少之争、公平合理之争，闹得很多学校鸡犬不宁。记得那一时段，我到许多区域讲学，县区分管领导和教育行政部门主要领导都会有意无意地暗示我要在讲座中穿插一点"绩效工资"的正面引导内容，始而觉得奇怪，时间一长，经历一多，便觉得能够理解，也深感基层做具体工作的领导同志的不易。于是我便开始搜肠刮肚，构建我的立意高远的"博学宏词"：

"说到最近的绩效工资，这本是一件好事。温总理经过太多的铺垫，比如实施科教兴国战略、倡导教育家办学、教师节前夕去学校听课等，可以说真正是力排众议，单单为教师群体普增工资，其他行业的不平衡心态的安抚还正在开展，普通百姓的不满你从平时的生活中早已经感同身受。那么在这样的背景下，作为本次增加工资最大的受惠者，仅仅因为互相间的少量的不均衡，考核细则的不完善，学校部分工作的不到位，就吵闹或者在网上发泄，又或者不断上访、消极怠工。我想，这让社会如何看待我们这样的教师群体？不就是相差数十数百元吗？不就是内部的一些不太公平和合理吗？我们完全可以自己协商，互相礼让，慢慢解决。视野和眼界，胸襟和气度，礼让和宽容，不正是我们天天高喊着要给孩子培养的人文素养吗？怎么一轮到我们自身便立马'小我'作祟了呢？"

那一年前后我去省内外许多地方讲学，几乎都毫无例外地"被"当地领导"安排"着穿插过这样的内容，反正从现场看，老师们至少是没有人不认同我的观点和认识的。

但后来的情况并不容乐观，直至今天，那一场"绩效工资"带来的负面的"后遗症"也并没有消失。

与许多学校校长交流，发现校长们比较普遍的感觉是，校长越来越不好做了。尽管这样那样的制约因素很多，但最难弄的还是教师管理问题。因为"绩效"，任何学校工作似乎都得量化，任何事都要与经济挂钩，而校长已经没有任何可以自主支配的经费。而且老师们因为这样的工作管理的惯性和常态，也逐渐开始了言之也很正当的维权式的斤斤计较。在这一点上，似乎没有什么可以挑剔的。大家都无话可说。

是啊，习惯了的一套思维和管理模式忽然之间发生了变化，大家都随之而开始了改变，这带来的问题十分复杂，令人措手不及。

钱不多，但由于形成了一套制度惯性，一种激励惯性，学校可以正常运行；钱增加了，甚至是比较大幅度地增加，但由于制度设计的滞后和暂时的不习惯，或者不合理，学校的正常运行反而受到影响甚至是重大影响。

这令人不可思议。

二

这让我想到世纪之交我在香港学校的一段经历。一个月的时间，我先后在三所港岛及周边的中学待过，其中在圣马可中学前后住校两周，整体感受是，香港教师，非同寻常地敬业，尽管并无什么升学和成绩的压力，却很少有人稍有怠惰的，上下班时间并无统一要求，但一律签到，时间好像都是精确到分钟的。老师进入学校，就像发条被拧足了劲儿，便全身心地投入工作，一天无一刻松弛下来。偌大的办公室，所有的教师"群居"而办公，只听得上课下课进出办公室推门关门的声音，永远不可能听到稍大的人声。备课、批改作业、同伴间或与个别孩子的交流，像微微春风，像涓涓细流。任何时候从办公室门口走过，就算你听力再好，也很难发现居然有 60 人左右在里面办公。

我与老师们同进同出，同时工作，但对这种超级静音的状态很不适应，也无法理解和想象，这种境界是多么不可思议，这是怎么"炼"出来，或者怎么"管"出来、"奖励"出来的？

待我知道了香港教师的工资体系，我不觉大为惊骇。这种工作状态似乎跟工资制度之间没有多少必然联系。尽管香港教师的工资相对于一般地区和一般人群，是比较高的。但似乎从一开始，从机制设计的层面就丝毫也未考虑"激励"和"奖惩"的因素和成分。因为香港采取的是"年资工资制度"，一个教师工资的多少，与职称无关，因为他们没有职称；跟荣誉称号无关，因为他们没有这方面的评选；跟课题和论文写作发表无关，他们似乎从无这样的体系；跟工作量大小无关；跟个人在教学和管理方面的绩效无关；跟个人的各类表现无关。他们所有人的工资就跟一个因素有关，这就是工作年限。只要你在香港地区的学校工作，不论什么区域的什么学校，到月中政府规定的发工资的那一时间节点，由政府发给你的工资卡上都会收到由相关工资管理机构给你打上的你应得的工资，而且是一次性的。在香港，除了这一份工资，任何其他行政机构、学校管理者，都没有任何理由和机会给你任何金钱方面的收入。

我当时在内地的一所重点高中工作了近 20 年，当我了解了香港教师的工资制度，又身处香港学校，此问题便一直耿耿于怀：假如我们内地的学校也采用这样的工资制度，我们的老师又会是一种怎样的工作状态呢？

三

虽分属两个不同的区域，同样是中国教师，但为什么工作态度、对待经济收入的态度，却有着如此巨大的差异呢？这种差异之产生究竟是源自什么呢？

不难发现，现实教师——哪里仅仅是教师，几乎内地的每一个个体，都或多或少地生活在一种无处不在的"激励"和"依赖激励"的情境中，而且像温水煮青蛙般自甘其乐，浑然不觉。

比如我们自己，在长期生活的工作岗位上，似乎总是在某种"外力"的推动和强烈推动下，顺利地或者曲折地前行。今天是为职称，明天是为职务，后天又是为荣誉称号，还可能是为了年终的考核结果，为了面子的好看。也有的是为了名声，为了社会人对自己的好评，或者为了好评之后的"家教"市场的持续"繁荣"等。

为了一个"外在的目的"，一个"物质的目标"，几乎所有的老师——哪里是老师，应该说是所有的国人——都无法逃脱这样的"宿命"。

四

这样的"激励依赖症"，细细分析，会发现其有两个显著的特点。

一是"功利"。传统的关于"表扬"和"鼓励"的理解几乎全是正面的，为了激发正能量，为了孩子的表现、学习和工作的"进步"，还有尊重人的心理、认知规律的意义在。在原初的意义上，这肯定是正确的，有道理的，也是真的产生了正能量的。问题是，任何"工具"，毕竟就是工具，使用"过头了"，其负面作用就极有可能逐渐显示出来。表现一好，就有奖励，就有"好处"。激励总是跟利益连在一起。天长日久，被激励者便逐渐高度认同了如下的"三位一体"：好的表现、激励、利益。而一旦这样的思维和价值观定型，被激励主体自然形成了为"功利"的思维方式、生活方式和处世态度。

二是"被动"。在长期的学习生活中，总是被"激励"着而有着"指向"异常明确的"表现"。这正好像儿童乐园中的"海狮海豚表演"，海狮海豚之表演除了长期驯化后的"条件反射"，重要的是靠驯化师手中的"诱饵"。假如偶尔一次两次的表演，海狮海豚还会有些"兴趣"和"主动"；翻来覆去地重复表演，如果没有不断刺激甚至不断强刺激的"诱饵"的跟进，根本不可能实现。在我们中国各行业的管理者中，几乎无人不深谙此道。仅以教育为例，关于老师的类似的"诱饵"刺激和强刺激几乎比比皆是，而且不断翻新花样，还层层加码。就中小学来说，记得本人出来工作时，还没有职称一说，只有"年资"，比如第一年工资多少，第二年多少，接着几年一调资，当然似乎也是要根据表现、功劳大小来衡量的。有了职称，大家一阵惊喜，便对照标准狠赶猛追；开始时高级职称犹如"珠峰"，多数人望尘莫及，只要有人敢于问津，大家都顶礼膜拜；不多几年，高级职称一下子掉价了，只要一级满 5 年便顺上了；再后来有了正高职称。除此而外，各级行政和政府的表彰也纷纷出现；如今教育行政的几乎与职称关联的教师发展"层级"如"名师""学科带头人""骨干教师"等逐渐出现。当然也还有从普通教师走向学校管理层的另外的行政序列。总之，多渠道、多品类、多层次，并且层层加码。一个时段下来，发现"疲沓"了，作用衰减了，立即改换门脸和频道，提升级别和档次，以实现"醍醐灌顶"的奇效。正好像中国内地医院医生最善采用的"挂水疗法"，抗生素不受任何节制和约束的使用，直接的后果是导致各种疾病和人体的"抗药性"的增长。问题是，如此"激励"和层层加码日甚一日的"强刺激"，总有一天会产生死亡"抗体"，我们还能持续发展吗？

实际是，"绩效工资"制度是一个极有意义的"试剂"，它几乎一夜间试出了我们长期使用的、赖以生存的"以激励为导向"的制度设计本身真的千疮百孔，几乎不堪一击。一旦"激励"的浓度稍淡，一旦改变了习以为常的激励模式，立即有"大厦"崩塌之风险。

与"功利"相对的是"非功利"，与"被动"相对应的是"主动"。看香港的教师，虽然他们教学节奏紧张，在校工作时间较长，但他们从来都神态从容淡定，处事待人泰然自若，很少有互相间的过多的比试、竞争，其"温良恭俭让"体现得十分突出。这究竟是怎么一回事？这境界究竟从何而来？

这些当然有着诸多主客观原因，我想，这跟他们没有课题、论文，没有职称、职务，没有评奖、荣誉称号，也没有校长和各级领导的激励和表扬，是有着不可分割的关系的。

五

激励一旦形成"依赖"，而且演变为"病症"，其危害就不可小觑了。

比如，作为管理者，或者事务和利益相关方，一般就不可以轻易"不用"。这正如已经有了毒瘾、赌瘾、烟瘾、酒瘾的那些所谓"瘾君子"，如果一旦这些"嗜好"的外物消失，那当事者是要与尽管好心却是他眼里的"麻烦制造者"拼命的，或者自己是要千方百计甚至不惜杀人放火获取此"心爱之物"以达一时之快的。激励依赖症患者倒不会杀人放火，与人拼命，但寻死觅活有时是不可避免的。为什么呢？一旦没有了激励的习以为常的"刺激"，当事者因为心理和思维的定势和惯性还能支持一定时段的工作积极性，但当定势和惯性逐渐递减，本能的"惰性"因子逐渐生长"坐大"，而自身固有的"动力源"或称"主观能动性""个人发展冲动"的元素因为长期教育"激发"的缺失，又一直未能获得开发和培养，于是，"惰性"之"坐大"几乎一无阻挡，就这样，一人如此，人人皆如此，怠惰、消极、应付甚或敷衍塞责，就几乎是一种不可避免的"宿命"。问题的关键还不在这里，关键是，等到共同的工作和事业因此而受到影响和损害——这几乎是注定的，共同的利益和待遇自然会有重大减损，当波及每一个个体时，这时的抵制和"反弹"则是可想而知的。而且，彼时彼地，为着自身的合法和不合法的利益，多数人都会原形毕露，不惜"抗战"到底的。寻死觅活乃至想不开而"玩命"也不是个例。

不仅如此，激励依赖症患者，因为在长期的"教育"和"工作"过程中总是泡在"激励"和"表扬"的甜水里，从不知批评和惩罚为何物，也没有享受过被批评和被惩罚的"待遇"，于是，天真地认为这世界从来都是阳光灿烂的，从不会有风雨雷电，从不会有冰天雪地；还认为我是天之骄子，我是人世间绝对的完美者，我就应该享受这样的皇帝待遇。天长日久，这样一种盲目自信、自傲的个性心理逐渐铸成，祸根也就种下了。这祸根便是"心理脆弱症"。一个人不可能总是在襁褓里，不可能总是在家庭中，融入社会，参与工作，与他人共同创造和享受生活，这是人之生命的本来意义。这也是人之接受学校教育的初衷。而古往今来的人类历史中，有谁能够一辈子不在风雨中、不在挫折中、不经历起落、变化的呢？

终有一天，因为工作，因为生活的不顺，因为事业发展的某些阻隔，当遭遇白眼、冷脸、言辞不和善的批评，又或者态度很严厉的责怪，这"脆弱症"也许立马"断崖式崩溃"。如今的独生子女一代，家庭中的小皇帝，在学校课改后不知道是谁断章取义来的片面的拼命的"激励"下，心理素质不高，耐挫力较弱，听不得半点批评和不同意见，甚至走极端，是不是都跟上述所言的诸多因素有着不可分割的关系呢？

六

这样的"激励依赖"从何而来？

其中有两点值得一说。

一是从客观上看，激励可以"发展"出被激励者的"准爱好"。激励所激发出来的是被激励对象一种外加的而不是内生的个性喜好，它是一种"准个性"喜好的东西，最多相当于孔子所言的稍高于"知之者"的"好之者"，尽管不是很高层次，但其一定的意义和价值又是不可完全否定的。

这东西常常因为外因的"诱惑"而逐渐演化生成，也能给生命个体带来兴奋和喜好，比如诵读《三字经》和唐诗宋词，打乒乓球和篮球，弹琴和写书法等。这些所谓的"爱好"，实际上是一种"准爱好"，它们常常是受家长、班主任或者是同学和社会青年的外在的影响或者是比较强烈的压力导致的。说重一点，它们常常是一定的"教育暴力"利诱或者"威逼"的结果。假想一个孩子的父母，因为邻家孩子学习钢琴，甚或是为了"攀比"，硬逼着自己的孩子也去学钢琴。尽管孩子强烈抵制和反抗，但终究胳膊拧不过大腿，最终只能就范，最后也逐渐被喜欢上了钢琴，居然后来在此领域还有所成就。这可以看成是"激励"的正面还是负面的效应呢？这一时还真作不出一个科学的判断。我们只能说，假如这孩子真心喜欢或者说酷爱的是下棋，是一个偶然的机会看到一位大师的表演受到触动，于是痴迷下棋。显然父母强烈反对，而且是用弹琴来抑制他对于下棋的嗜好。试想，假如这孩子的父母顺应其天性，这孩子在棋艺上的造诣又会怎样呢？这孩子一生的幸福感究竟会如何呢？这个问题如果从教育规律和理论的角度来分析，答案是显然的，但若是从社会学的角度来考量，残酷的现实可能昭示的会是另外一个结果。

二是从管制策略和管理体系上看，整个中国社会包括教育是基于"激励"原则来构建的。

"重赏之下，必有勇夫。"调动人的浅表的也是必需的物质欲望以达成精神的"自觉"，古已有之，且绵延千年而不稍衰。每一次农民或者其他什么起义后的论功行赏、封妻荫子，甚或像"强盗分赃，见者有份"这样的逻辑也能成为今人的口头禅，足以表明"激励"和"赏赐"这样的方式在历朝历代的政治统治中所发挥的作用。

而如今我们的学校依然采纳这样的方式。

小孩子3岁进幼儿园，是天性好动，不服管教的。由于许多比如打骂、惩戒的方式受到批评，说教和正面引导似乎也成效不彰，一味的表扬和奖励便成为最为实用和流行的教育方式。小红花、五角星，纷纷爬上孩子们的小脸、手背等可以让人一眼看到的部位。孩子喜欢，家长开心，老师也觉得这样终于完成了教学和教育的任务，实现了幼儿教育的任务和目标。

等到孩子入学，从小学到高中，几乎与幼儿教育一脉相承，分数、排名、各类荣誉称号、老师口头表扬甚或座次安排都成为"激励"的策略和方法。

大学与中小学相比，除了刺激层次和高度有所差异，其余大同小异，几乎是高中的翻版。

这样一路延续十余年的教育，要想不产生"激励依赖"都是不可能的。除非是被主流评定为不合格的那些"被失败"了的教育。

也许是我们如此的教育使然，也许是成人世界的古已有之的顶层设计，各行各业，从上至下，又有谁又有何处不是依照"物质刺激""路径依赖""激励推动"的原则和方式来运作的呢？

七

我们最为需要的可能不是"激励"，不是过多的外力"牵引"和"强迫"，而是找到合适的方法，让人心中、天性里那一个固有的、原生态的个性喜好的"禾苗"——如同鸡蛋中"鸡的基因"、麦种中的"麦的基因"被唤醒、激活，进而慢慢地让其生长、壮大，足以有力量和能量抵御外来的诱惑，外力的挤压，最后成为一棵参天大树，那是每一个生命个体基因的"内核"，精神的"本质"，也是生活着、一辈子生活过的"意义"。

如果这样来认识和理解，那么，今天的中国社会或者说每一个生命个体生活的世界，最要为生命个体"建构"的是一个什么样的生活环境呢？让社会宽松，前提是所有人都可以在法律的框架内自主；让生活幸福，当然前提是生活有基本的保障；让思想自由，前提是少有禁锢，人人时时处处皆有安全感。最为重要的是，管理体制和机制符合人性，人性中的天性，符合天理，天理中的人理。

更为关键的是，作为学校教育，可能就需要从目标层面、原则层面、策略和方法层面，作出重大的"革命性"的调整和变化。宽松、安全、自由，应该是校园环境的基本特点；"温而不火"的引领、帮助，给予充分的自主，应该是老师主要的工作；倒向一面的、刻意诱导的、越位包办的所谓的带来一时之利的教学策略，都应该被列入负面清单。于是"通识"的，真正"人文"的，指向思维独立、求异和批判直至成熟理性的，丰富多彩、立体交叉的课程体系，成为孩子"乐之"之种子发芽、"个性"成长的土壤、水分和空气。

从哲学的角度说，这样的教育是真善美的教育；从社会学的角度看，这样的学校才是有道德的学校；而从人类学的角度看，这样的人、这样的人生才是有价值和有意义的。

警惕教育教学中"组织依赖症"的滋长

一

"组织依赖",似乎是我们这个民族的传统。自我记事起,就知道"集体""组织"之伟大,那时,农民有生产队,城里有集体、国有等多种名义的企业。在组织中,无论走到哪里,都觉得踏实、放心甚而温馨。若有谁一旦被"集体"或"组织"以不管何种名义疏离、冷落,那几乎就是一个人的灾难。集体的好处,就是做起上级安排的事儿、整齐划一的事儿、流水线上的事儿,那真是一声令下,立马七手八脚"拿下"。所以常常有所谓"人多好办事""集体的力量大于天"的自诩。集体最大的好处,是便于统一思想,在集体中熏染惯了,常听习见,同气相求,同甘共苦,就知道几乎不用动脑筋,只看首长挥手、头儿号令即可。对于大多数个体而言,群居对自己的实惠就在于遇到任何事,总可以找到"组织",交给"领导",似乎少了许多烦恼。

学校,本就是"群处"的大平台;教育,更多是人的社会化的模仿和体验,也有很多的演绎。本来同在一个学校、一个班级、一个小组,学习、活动也做一点未来社会工作的"预演",已经是相当"组织性"和"集体化"了。这还不够,课改之后,随着"自主、合作、探究"学习方式的倡导,"小组合作学习"迅速登堂入室,占据了课堂学习的主阵地,其风头之劲,大有盖过"自主"且有一举取而代之成为课堂主体、主流、主要方式的势头。

我长期关注课改，尤其关注课堂所谓的"合作学习"，且不说这一概念在现实理解和操作上存在诸多学理不通，单是实践中的实效特别是对于每一小组学习的公平性问题就值得认真研讨和商榷。但总有人以如此可以实现"兵教兵"、培养学生的团队精神等为理由，宣示这种学习方式在操作上的科学性和政治上的正确性。

但强行实施此种策略的人们所未意识到的是：过犹不及，物极必反。总是处在团队和组织中的人常常也会出问题。群居者最大的失败，就在于一辈子没有做过自己的事，也不用想自己能做什么事，反正有组织，天塌下来，总有领导顶着。听别人的，按照领导意图实施，对着图纸操作，群居者几乎无一例外的，不可能有什么自己的发现和发明，更不可能有哪怕一丁点的创造和创新，所以，李克强总理在 2015 年 5 月 7 日考察中科院物理研究所时强调：一个国家需要一批甘于寂寞、枯坐冷板凳、投身高精尖的大科学家。

是啊，不甘寂寞，畏惧独处；没有自主，少有独立，思维系统萎缩，思想中枢停摆，别说基本的哲学思考，就连"我"和动物有什么不同，"我"活一辈子，是为了什么，"我"能不能有别一种活法，这些问题，也不可能想到并提出，而且，如果有人要如此发问，还得被他们围攻：你发什么神经？想干什么？好好的日子不过，想这些没用的，是不是脑子坏了？但随之带来的痛苦也很可怕。

群居者最大的痛苦，就在于到后来不知道自己怎样独居。一个人一辈子不可能总待在或赖在"集体"里，老年了，就自然要离开组织，自己设法安度晚年。但是在集体中浸润久了，依赖惯了，当然就不知道如何一个人生活，如何与自己相处，怎样排遣郁闷和孤独，怎样独享自己老来对于生命、生活、自然和社会的感受和领悟。那种痛苦和茫然无助，才是人生最沉重的煎熬和失败。

这样的问题，我姑且把它叫作"组织依赖症"。原本想种下"龙种"，到后来居然收获了"跳蚤"！这对于我们的学校教育、对于我们在学习方式问题上喜好剑走偏锋、做表面文章的人，会不会有些警醒呢？

二

春节闲处，与众网友一起"围观"微博，让人发噱：

（1月22日）今天对高铁失望心酸到极点，赶到高铁站才发现我的票是昨天的！工作人员毫无人情可言，就丢一句自己想办法，退票改签都不行，我现在没有办法回去，回去的票全都买不到。这就是中国高铁！

此微博之后许多网友的调侃倒也幽默：

今天对教育部失望心酸到极点，赶到高考考场才发现考试时间是昨天的！监考老师毫无人情可言，就丢一句明年再来吧，重考补考都不行，我现在没有办法上大学，学校居然都不录取我！这就是中国教育！

今天对银行失望到极点，到了银行才发现我的银行卡里竟然没钱！工作人员竟然毫无人情可言，就丢一句自己想办法，说了多少好话就是不给我取钱，我现在没有钱买房，连个厕所都买不起！这就是中国银行！

今天对民政局失望到极点！我到了民政局才发现居然没有可以跟我结婚的人！！他们竟然毫无人情可言，为什么不施舍我一个老公？

今天对福利彩票失望心酸到极点，赶到投注站才发现我的彩票是没中的！工作人员毫无人情可言，就丢一句自己想办法，退票改投都不行，我现在没有办法中奖，想要的老子全都买不到！这就是中国福利彩票！

显然这样的调侃表达了网友对这位"旅客网友"的做派的讽刺和否定，这当然可以看出多数国人的理性和成熟。

是啊，"你自己买票的时候买错了，为什么要怪高铁呢？尤其现在是春运一票难求的时刻，没人抽出空把票子让给你啊，大家都想回家过年。因为你自己的疏忽看错时间，当然自己负责。为什么还要到微博上来骂高铁？"一位名为陈宗鹤的先生在作出了上述非常贴切的分析之后，进一步论述道：

"明明是自己的过错却推卸给他人的人身边并不少，我将这类症状统称为'社会主义巨婴症'。"

顾名思义，这是中国特有的现象，由于从小娇生惯养或在特殊的家庭环境中长大，虽然生理上已长为成年人，但心理上还像是没断奶的婴儿一样，摔了一跤不反思自己没走稳，反而怪 2 米外的母亲没拉住他。

婴儿我们当然能原谅，可为什么 20 岁甚至 30、40 多岁的人还一副"遇事先哭啼"的婴儿现象呢？

陈先生在《中国 90% 的人心理模式上还是巨婴》一文中，用比较精要的话——"一个极度焦虑的母亲，一个缺席的父亲，一个有问题的孩子"，较为形象地揭示了问题的根源，这就是，中国式特别的亲子关系造就了"巨婴国"。

"巨婴"之说，是把问题的关键和矛盾瞄准了"家庭"，对向了"母亲"。我以为有一定的道理，但又觉得意犹未尽，或者说还是有些偏颇。试想想，自古以来，中国家庭便都是如此这般"严父慈母""父母在，不远游"的。何以今天的中国会"盛产"如此巨多的"巨婴"呢？

三

实际上，家庭教育只是巨婴生产流水线上的一个环节，还有两个环节而且是愈加重要的环节为大家所严重忽视，那就是，学校教育和社会生活。

当下的学校，学生是以班级为单位被"组织"到一个体制相当完备的管理系统中。与 20 年前不一样，强势的应试，尤其是各个学校管理者和教育行政的严格的考核奖惩制度给班级管理者以巨大的压力。所以为了整体班级的成绩、名声和荣誉，班主任所设定的管控措施就都披上了"合情合理合法"的外衣。多年前，云南昆明某区教育局曾经专门发文，推广该区某一小学一位班主任班级管理的"先进经验"：每一班级在正常的管理系统之外，另外安排一批"信息收集员"，规定每周中固定的时间，将收集到的同学们的方方面面的信息、情况，向班主任老师汇报。这样鼓励告密、扭曲人性、滋长畸形人格的做法，这样明显违背教育规律的措施，竟然会被教育行政高度认可，可见当下中国教育生态的状况。在如此的管控系统中，学生的自主、独立和个性怎么可能有生存生长的空间和可能？

不仅如此，课改之后，受"转变"后的学习方式"合作"的影响，也是受被某些媒体追捧的学校发展典型经验的引导，"小组合作学习"成为课改之后大量学校课堂教学的制胜法宝。观察中国大量的学校尤其是一向比较薄弱的初中，课堂教学、学生群体早已被严格地"组织化""结构化"，班级已经成为多重的严密的"集体化"系统。

试想想，题目不会做，问题解决不了，不查找资料，不自谋出路，可以不思考，不想方设法，而是立即找小组，找高人，而且只要结果，不要答案，只要会做，不要做会，只要能够考试时过关，不求能力和思维上的变化和进步。我一直想，近年来中国大量的"粉丝"几乎批量式产出，与这种从小学就开始的只求组织"外援"不要"自力更生"的学习方式进而生活方式是不是有着直接的关联呢？

这些道理，那些教育工作者、班主任和校长们就不知道？有不知道的，也有知道的。那为何还要一意孤行呢？很简单，这有利于学校在各类考试尤其是"小升初考""中考""高考"分数的大面积提升。这种组织层面的"集体主义功利"的一旦疯狂成性，牺牲学生的个性、天性、好奇心和理性创造精神，那就不在本章叙述之列而在下回分解了。其中，那种"知其不可为"而坚决"为之"者可谓罪莫大焉。

倾向越来越严重，在学校学习领域，从课堂到课外，越来越多的"合作学习"的迷信者煞费苦心建构起来的所谓小组学习"管控系统"把一个个孩子逼到了墙角。任何人在学校学习的任何时空，都无路可逃。如此，自主的独立的学生个体几乎很难有生存的"市场"和空间。

很少人，或者说迄今为止似乎还没有谁研究、呼吁警惕这样一种学习的"风险"。

好在有一个叫大学的地方，好在今天升入高校的机会越来越多，也好在规模扩张后的高校少有那么多"严管"，可以让孩子还未被彻底摧毁的"个性"和"天性"有了一个缓冲和修养的平台。

但进入社会，"组织"的概念似乎并未消减，一些单位应该就是一个自组织，接着党派、群团、学会等各种组织常常令人眼花缭乱。只要在合法合理合情的框架下，组织可以带给人"正能量"和优秀的价值观。但放眼国内某些公务人员的"59 岁现象"、中国公民遇到困难和问题之后的集体"上访"，你就会发现这样一种缺少自我、自立的"组织依赖症"已经不是生命个体的个别心理问题，而是会逐渐演化为十分可怕的社会问题甚至政治问题。

记得多年前到俄罗斯考察教育，一路走过，发现老百姓整体的生活状态与当年的"盛世"几乎不可同日而语，对俄罗斯社会出现的问题大家普遍觉得难解，而且对未来难有预期。但一周的时间里，却从未看到老百姓成群结队地"上访"。俄罗斯人面对问题时的心态如何？为何不找政府呢？长期生活在该国的朋友告诉我们：俄罗斯人从来不相信政府，觉得政府帮助不了自己什么。一切只能靠自己。

这些真的值得我们做教育的、做管理的三思之。

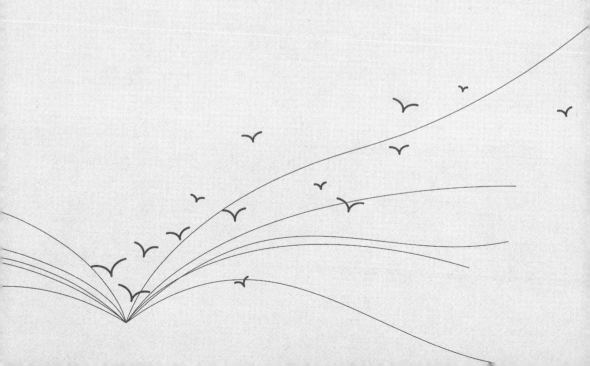

| 第五辑 |

追问教师价值

"育人"是什么？

论及教育，我们总是用"教书育人"来加以阐释。细加辨析，"书"是可以"教"的，"人"则是需要"育"的，就是说，"教"和"育"是有一定的区别的。

古人之"教"和"育"几乎是同义的。《说文解字》："教，上所施，下所效也"，"育，养子使作善也"。这是说，上行下效，培养使之成才成人。在这里，"育人者"自身的"行"，是教育的关键。

《辞海》释"教"为"教育，训练；传授知识技能；使，令，让"；释"育"为"生育；培植，抚养"。可见，今人的"教"与"育"早已分道扬镳，"教"是"教"，"育"是"育"。

从两者的内容和目标的角度而言，"教"可能更多地指向生活的技能和方法，"育"则更多地指向个性、品德和人格的层面。从方法的层面而言，"教"主要表现为"言说"和"指令"，表现为被教者的"模仿"和"练习"的速成；"育"则是需要耐心耐力、旷日持久的"养"，是生长式的慢功。

很多人都知道农民种植水稻的情形。水稻的种植必经"育秧"过程。仲春时节，家家户户都会将一小块田地翻耕曝晒，接着灌上水，在土中拌上肥料，反复耘耥后，做成垄状。然后把浸泡过的稻种均匀地播撒在田垄的表面，并在其上洒上草木灰，条件好的还会在每一田垄上支上塑料薄膜，以作保温之用。这些工作完成后，农人就几乎不再需要下田。他只需要通过广播或者电视时时关注天气的变化。有寒流来袭，他会将田里灌上水并将塑料薄膜覆盖于垄上，是为保温；一旦气温升高，他又会掀开塑料薄膜，将水放干，是为降温。在整个培育秧苗的过程中，农人几乎总是在做着"外围"的工作：打造良好的温床，配备最佳的水肥，调控适当的温度和湿度等，基础和资源，环境和条件，观察和帮助，就是培育者的基本工作。

远远地看着，仅仅提供有利于其生长的条件，秧苗仍然得以苗壮蓬勃地成长；由此，我们是否可以推断出"育"的一些特点呢？

比如"育者"的资源支持，行为表率，无声低调；比如育者与被育者之间的距离保持，间接关系等。这不由让人想到古人"有心栽花花不发，无意插柳柳成荫"的诗句。原来，"育"不同于"教"，而是"不教而教"，也就是常言所说的"春风化雨，润物无声"，更多表现为"至情言语即无声"。比如说，听一个贪得无厌的政客夸谈甚至要求受众"无私奉献"，一定是很滑稽的。所以我们通常所看到的某些语文课上的所谓"人文教育"，不过是老师占据着教育的制高点而"大言"训人，却很少"反求诸己"。因为很多品德和思想方面的要求，老师不仅做不到，很多他自己就不相信。而现在的学生呢，又几乎无一例外的都是如孔子所言的"听其言而观其行"的。学生听你的"博学宏词"，也是有一搭没一搭，他知道你讲的是空话、大话，甚至是连自己也难以兑现的假话。如此说来，课堂教学中，我们始终将第三维目标的实现寄希望于我们老师在课堂中的生硬联系，慷慨大言，政治说教，实际上常常是不被学生"买账"的。总而言之，我们现实学校"育人"目标的实现主要是经由着"教"的路径的，这种误解误行之深，已经到了非矫正不可的地步了。

由此出发，我们可以梳理出学校"育人"的基本思路和策略：一是学生自主阅读优秀文学文章而有的"感悟"；二是包括学校中所有"人"（含教师、学生和校园内外接触的其他人）在内的生活、学习、工作的学校环境氛围的"熏染"；三是包括要求、规则、法律制度、"道德律令"（康德语）及学校规章制度的限制和"约束"；四是在面临生活、学习、工作的困难和疑惑，偶有不慎犯错或失误时，育人者恰当而及时的"点醒"；五是各学科知识学习、积累而有的逐渐"内化"。

当校长们在会场里正准备慷慨高言"思想教育"时，当老师们在课堂上正打算激情跨谈"人文情怀"时，稍稍思考一下什么是"育人"，如何才能"育人"，怎样"育人"，那我们的育人策略一定会越来越高明一些，育人实效一定会越来越明显一些。

"立德树人"，关键在"树人"者"立德"

做教育的人如果不知道"立德树人"这一理念，那肯定是"桃花源"中人了；但是有多少人能够准确说出这一理念所为何事，所说何人呢？

我听过或者查阅过国内多位专家和行政官员的演讲报告，凡涉及这一概念的几乎无一例外都是将"立德"与"树人"的重心确定为教育的对象——学生。"树人"自是培养造就学生。有一篇文章写道："立德树人，既是一个永恒的主题，也是一个时代的主题。说它是一个永恒的主题，因为树人是教育的根本，只有立德，才能成人；只有在'以人为本'的时代，教育才能回归人。"

引文在论及"立德树人"时，立足点都是从被教育者的角度来说的。所谓"立德"是指"立"学生之"德"；"树人"，当然也是将学生"树"成优秀之人。不仅本文，查阅大量的有关论及"立德树人"的专家学者的大作，几乎都是这样的言说，都是这样的视角，都是这样的风格。不论及教师，只涉及学生。这样的理解是否精准呢？

先说"立德"。《左传·襄公二十四年》："太上有立德，其次有立功，其次有立言。虽久不废，此之谓不朽。"孔颖达疏："立德，谓创制垂法，博施济众，圣德立于上代，惠泽被于无穷。"所谓"立德"，就是树立道德，给后人作榜样。

再说何为"树人"。树，培植，培养。《管子·权修》："一年之计，莫如树谷；十年之计，莫如树木；终身之计，莫如树人。"所谓"树人"，即是培养人才。

合言之，"立德树人"就是"（自身）树立德业，给后代作榜样，培养人才"。这是一个连动式短语，其主语是实施教育的主体，比如学校，比如校长和教师，比如家庭、社会和与教育相关联的任何个人、团体或环境等。对于今天的教育而言，所谓"立德树人"，就是所有涉及教育的主体，从人、物到环境，无一例外都应该是首先树立德业，都应该为后代作榜样，都应该以此为基础、为前提条件，进而培养人才。

这几乎是一个从古至今几乎没有什么异议的通行的解释。但是，就是这样的"定论"，为什么会出现上述几乎约定俗成的"别解"呢？

看教育实践领域，重智轻德，重教轻育的"应试"，导致学校教育愈演愈烈的功利追求，学生的"学习"，教师的"教学"，校长的"办学"，教育行政乃至地方党委政府的教育"决策"和管理，与家长和社会，达成"高度共识"。

教育研究领域呢？对教育现实的见怪不怪，或者明明知之而不闻不问，不愿为之发声，又或者尽管发声，却"顾左右而言他"，已成为现实教育理论界的基本事实。对"德育"的如此实实在在的淡漠，出现对于"立德树人"的解读的"随心所欲""轻描淡写"，就顺理成章了。

当然，将"立德树人"这样的教育要求，指向学生一方，对学生道"德"的树"立"提出严格的规约，这本身并没有错，而且也是教育的应有之义。因为即便是将"立德"强调为立人者之先行树立道德，最终的指向还是要落到学生的身上。但问题的关键是，这样的解读，隐含的现实信息和社会意义令人无论如何高兴不起来。

问题是，将"立德"从教育主体立意，从学校与教师方面立意，就当下之中国教育现实而言，就现实教育转型的需要而言，可能更具针对性和教育价值。

2016 年以来，习近平总书记在多个场合强调，"要坚持把立德树人作为中心环节"，传道者自己首先要明道、信道。要坚持教育者先受教育；要引导教师把教书育人和自我修养结合起来，做到以德立身、以德立学、以德施教。这样的解读，带给我们教育工作者怎样的启迪呢？

有什么样的教师，就有什么样的学生

近年来，许多人的价值追求和行事准则发生了变化：考好分，读名校，升好学，找好工作，享受个人的好生活，逐渐成为社会许多成员的"共识"。"国家兴亡，匹夫有责""家事国事天下事，事事关心"却渐成"空谷传响"。这一切之发生，有人指为"市场化""世俗化"之必然，也有人归咎于信仰和价值观之失落；我则以为，近20余年的教育，应试、升学、分数的超强力"杠杆"将学校教育拽离其本真和初心，拖入功利的泥淖和深渊，则是一个无法回避的重要因素。

有什么样的学校，有什么样的课程，就有什么样的学生，这句话实际的意思是，有什么样的教师就有什么样的学生。因为学校教育、学校课程，其实行的主体是老师。改变现实教育，提升人才品质，这一切的一切还得依靠教师。

教师有情怀，就会培养出有情怀的学生。

当学校教育将考试、升学、分数当成核心要务和几乎唯一的价值追求，当学科教学始终围绕着考试进行，当老师评价孩子的眼光紧紧盯住学科成绩不放，立德树人，怎么可能有立足的时空？在这样一种教育文化中熏染既久的教师，其人文情怀、家国情怀自然而然会淡化、疏离，直至逐渐被排除在教育教学的主流话语之外。这样功利的氛围，如此价值的教育，这等实用的教学，又何以孕育学生为人、利他、奉献家国的情怀？

教师有理性，就会培养出有理性的学生。

课改之后因为某些专家的话语霸权，对于教师教育教学实践的横挑鼻子竖挑眼，导致很多一线教师普遍缺失实践自信甚或迷失了自我。专家之言，自然有很多合理的正确的元素，但是不是就代表着真理，"一句顶一万句"呢？显然不是。问题是，实践主体缺少思维理性，又无以用理性思维对专家观点和自己的实践作出精准的判断。长此以往，自信心怎能不逐渐丧失呢？试想，假如教师们具有十足的对最高真理"沉思"的静气，具有破除迷惑证实真理的"智慧"，具有借助逻辑工具在理论和思想问题上随时随地析事明理的能力，那么冷静、淡定、沉着、谨慎，"每临大事有静气"的富于理性的优秀的学生，就会如雨后春笋般涌现出来。

教师有创造，就会培养出有创造力的学生。

伟人说，只有做创造性的工作，才会有尊严。这许多年来，教育越来越受重视，几乎每时每刻都是社会的热点和焦点。但教师工作似乎还未找到应有的尊严和地位，其原因就在于，单一、机械、重复、少有创意的"应试"劳动毁掉了教育活动原本的创造、鲜活和生趣。在如此学校情境和教学生活中要想成长起富于创造活力的学生，实在是难乎其难。

教师有未来眼光，就会培养出有未来眼光的学生。

我以为，所谓教育，就是生活在今天的一群被称为"教师"的人，用昨天的知识，教着一定生活在未来的今天的孩子。之所以这样说，是希望从时间的维度，警醒做教育的人，无论如何都必须拥有未来眼光、战略思维，否则，教育越多，可能危害越大。总是将陈旧的知识堆砌给学生，难免教出迂腐；总是用现实和个人的幸福激励学生，难免衍生出功利；而只有用人生责任、未来思维引领，才会培养出具有家国情怀和未来理想的人才。

教师之于教育、之于学生、之于人才，真的比天还要重要。教师怎样，教育便怎样；教育怎样，未来中国便怎样。你我今天做怎样的教育，未来也就会有一个怎样的中国。

多少年之后还能有多少学生念起我们？

还记得昨天，昨天恍惚就在眼前，就我而言，昨天就分明是你们的今天。有人常常问，假如再有一回人生青春路，你怎么走过？

一是不懈读书。我在文化沙漠的时代完成了基础教育，真正是最想读书的年岁却无书可读。等到高考恢复，报考数学的我竟因为高校中理科老师不足，阴差阳错地转入了中文系。第一次作文课，班上"老三届"同学用文言写的作文让我目瞪口呆，此前的我连一篇文言文都没有好好读过。极度自卑之下，听得老师的箴言"读书可以弥补一切人生之不足"，如获至宝。从此读书和背书成为我大学和大学后很多年的几乎主要的生活。所读之书，从文学到文化，从教学到教育，从古代到今天。我大学毕业时学业优秀，工作后做出许多实绩甚或某些辉煌，直到今天还能与时俱进，似乎都离不开从不间断的读书的充实滋养。

那么，究竟"读"什么？我的体会是，既重专精，又求广博，关键是自己喜欢。

二是总在想事。教书时，想着语文课程的价值究竟是什么，如何上出孩子最喜欢的课，如何高效优质；管理时，想着如何让教师遵从教育教学规律，如何做到教育教学的轻负高效，如何让师生在自由和宽松的环境状态下，张扬个性，发挥特长，保持求异创新的品质；做科研时，更多想着真正的教育应该是怎样的，学校设立的初衷和目的是什么，教育理念与行动是什么关系。想得多了，加之阅读的所获，且思且读，心里便常觉显豁，认知中更多了理性，教书、育人也越来越有准头、策略和层次。有思想的芦苇可能就是比其他的芦苇多了一些"特立"和操守。

那么，究竟"想"什么？一言以蔽之，有关教育的常识、本真和规律以及如何按照常识、本真和规律教育教学。

三是常找"新路"。教育是一种实践的事业，教学是一项实际的工作。"教"好自己的学科，"育"出优秀的人才，是硬道理。教学的实行，既有前人的经验，又有今人的成果。当中外理论杂陈，当时尚模式风行，我曾经眼花缭乱，常常魂不守舍，缺少自信，以为新鲜一定优秀，"大家"肯定正确。多少年多少次的践行之后，我才逐渐悟出，鲁迅先生"运用脑髓，放出眼光，自己来拿"的论断有多么高明；尽管"他山之石，可以攻玉"，学习、模仿、借鉴应是必需，但自己成功的实践，经由理性思索过滤、提升过的经验，可能才最能带给我实实在在的收获和成功。记得1995年前后，我申报成功省级课题"高中语文单元整体目标教学实验"，那是一个据说早已被多地实验证明异常成功的模式，我们只要照做即可。我和几位同事学习、思考、研究、试行，对外公开教学，在专家的指导和引领下，调整，改革，再设计，真可谓兴师动众，做得风生水起。但我因为天性中的求异较真作祟，总觉得这一也许科学的方法还是受制于一统的教材，特别是教材的编写体例和体制。于是，我的结题报告《重要的是单元教材的科学化》，以实验过程和结果为据，部分地否定了这一模式本身。也正因为此，我另辟蹊径，在阅读教学和写作教学领域开始了新的探索，并分别有所突破，取得较好的教学实绩。

那么，"新路"究竟在哪？常常就在自己脚下。其中，自信和自觉十分重要。

这三项"工作"，几乎完完全全伴随了我中学教学的前24年。其中，有苦行僧般的艰难和坚守，也有各类大小收获和成功后的快乐。找不见好书是纠结火急的，但是听得专家的高论是惊喜的；与毕业班同学一起临考是焦虑忧心的，但三年的辛劳一下子换得"理想的分数"——这从一方面验证了成果的丰硕，又是欣慰的；否定自我过去的做法和经验是痛苦的，一旦脱胎换骨、凤凰涅槃，找到"柳暗花明"之间的新径，又是得意非凡的。

我一路顺风顺水走到今天，似乎收获了比一般人多一些的风景，赢得了从语文教学到教育研究诸多领域的少许虚名，总有人以这样那样的眼神与我交流。其中有钦佩，有惊讶，也有疑惑。

我的认识是，我失去过好多机会，但我得到了更多的机会；我并不懂得"有心栽花"刻意去迎合什么人和事，但我有幸常常"无意插柳"，遇到了好多优秀的伯乐和机遇。我的经历几乎一点也没有悬念地验证了一个观点：机会一定是留给那些有所准备的人的。所以一定得强调"有准备"，是因为归根结底，若是没有这24年的基层一线的教学积累，没有这漫长岁月中的读书、想事、找路的坚持和坚守，我不敢想象"好运"会如同馅饼一般从天空掉落，而且恰恰就掉落在我的盘子里。

做这三件事难吗？我觉得并不很难，在我眼里，这几乎就是教师职业的主要生活内容。或者说，这就是我的本职。关键就在于，几十年心无旁骛。

今天的时代已然迥异于我当年，丰富和繁杂，自我和多元，机会和挑战，几乎令人眼花缭乱；选择，已然成为每一个人生活的权利。但伴生的是犹豫和迷惘。

我们看到，在一些区域，在少量学校，有些青年教师满足于上完课，坐完班，做完活，便安步当车，安之若素，再也不思不求其余了。谈职称，论职务，一般都不太提得起精神和兴趣。即使身边不乏一些努力向上者，有建树，获荣誉，得奖励，也刺激不了他们的神经。这当中，不乏有才有志、曾经真的期求在教育领域一展宏图的人们。

我想，之所以如此，原因肯定是多种多样的。社会现实、教育行政、学校管理、学科教学、升学、家庭生活等的"合力"重压，都是不可忽视的影响因子。但是我以为，这些"客观"，是我们每一个老师每时每刻都在面对的。问题是，我们都曾经有对于教育、学生的理解，我们都有实现理想的愿景，我们也许谁都不可能一个早晨改变中国教育和社会的现实，但一味沉湎于伤感、失望、萎靡、退让、躲避、放弃，于己于人又有什么好处呢？但我们哪怕是从做一个称职的好父母、好职员、好老师的角度，致力于自身品质的修炼、行为的改善、教学素养和人文素养的提升，以求生活和工作中，就会真的像一个家长，像一个职场的主人，像一个与教师标准要求吻合的教师。

更为重要的是，伴随这许多年的教育改革、学校发展，教育内外已经逐渐达成"共识"，教师发展就是教育发展，教师发展就应是教育行政、学校、校长工作的核心要素。紧承这样的理念和追求，各级各类学校和教育行政部门为教师成长设计和搭建了逐渐提升的立体网络和台阶。就江苏而言，几乎所有想要发展、稍有发展的老师都会在这样的框架、坐标中找到自己的定位。这样的条件、环境、机遇，是中国有教育以来从未有过的。

当然这也是应试的惨烈与真教育的纯正对阵博弈的时代，而这常常又是每一教育工作者可以大展宏图的时代，转型期的暂时的"乱"也许恰恰可以成就思想的"百家"，产生一批又一批实践的"先驱"。

问题是，我们良知还在、远志犹存的青年教师们，是否做好了追求卓异、辛苦耕耘直至数十年不辍的心理准备？

我经常说，好老师就是多少年之后还能让自己曾经的学生经常念起的老师。什么是"多少年之后"？我的体会，也就是青年到中老年的距离，从时间看，或许就是转瞬之间。

转瞬之间，最害怕的是一念之差；这样说来，你我又怎能不珍惜！

知行合一：班主任工作成功的不二法门

经常有校长抱怨：现在要找到合适的班主任不容易，即使找到，要让他愿意干更不容易；也经常有班主任抱怨：现在做班主任不容易，要把班主任做好，更是不容易。

这是如今很多中小学教育教学工作面临的新现象和新问题。独生子女、转型社会、网络时代、家庭教育缺失、升学压力如山、社会问题集聚，这些客观因素导致学生教育不易，学校管理很难。

可"算事业、须有人做"，关键是，要找出班主任工作的症结所在。

首先要认清班主任工作的职责和价值。班主任是学校中全面负责一个班学生的思想、学习、健康和生活等工作的教师，是一个班的组织者、领导者和教育者，也是一个班中全体任课教师教学、教育工作的协调者。班主任与任课教师的区别在于任课教师只负责本学科教学，而班主任除此之外要全权负责管理一个班级。

《中小学班主任工作暂行规定》明确：按照德、智、体、美全面发展的要求，开展班级工作，全面教育、管理、指导学生，使他们成为有理想、有道德、有文化、有纪律、身心健康的公民。

可见，班主任工作的最大责任就在于道德教育。从现实教育看，道德教育问题主要取决于两点。

一是确立科学的"育人"观。论及教育，我们总是用"教书育人"来加以阐释。细加辨析，"书"是可以"教"的，"人"则是需要"育"的，就是说，"教"和"育"是有一定的区别的。

从两者的内容和目标的角度而言之，"教"可能更多地指向生活的技能和方法，"育"则更多地指向个性、品德和人格的层面。从方法的层面而言之，"教"主要表现为"言说"和"指令"，表现为被教者的"模仿"和"练习"的速成。那德性、精神之"育"又应该是怎样的呢？区别于知识的"教"，道德之"育"，是需要育人者的虔诚耐心、全身心投入的，尤其是需要身体力行、率先垂范的，也就是说，做给被育的人看，是"育"的最为本质的特征。梅贻琦说："学校犹水也，师生犹鱼也，其行动犹游泳也，大鱼前导，小鱼尾游，是从游也，从游既久，其濡染观摩之效自不求而至，不为而成。"如今的德育工作者中，不乏德行高尚者，给孩子以终身的教益和影响，不仅是经师，而且是人师。

二是努力践行"知行合一"。一方面我们看到现实中许多优秀的班主任身体力行，用大爱、真诚、奉献赢得孩子的敬重、服膺，但是另一方面我们也看到许多异常：一个热衷"家教"者，可以给学生谈无私奉献的崇高；一个行为不检点者，可以要求学生如何循规蹈矩；缺少责任感的，却要求学生学习和工作心无旁骛。新华社曾报道，黑龙江省哈尔滨市道外区李香馥利用其为班主任的职务便利，疯狂向学生家长索要财物，如愿望不能满足就疯狂报复学生，并在家长会上表示自己对学生的评定"更重视家长的态度"。这样的班主任在班会课上也会大谈特谈道德和奉献，也会要求学生正派和善良，如此做派，指望能够培育学生的道德，那还不是缘木求鱼？

口喊道德，行悖人性；口惠而实不至，这一类官场丑态、生活中的伪君子表现，在教育生活中的时有发生，这应该是学校德育工作效果不彰的重要根由。

知行合一，说做一体，永远求真，力做真人，这是陶行知先生躬身为教的追求。所以，我一向以为，学校教育要成功，德育工作要真的见实效，其基本的前提是，所有的育人者——教师，都能响亮地喊出：向我看齐。也就是说，每一个教育工作者都得成为一门又一门活生生的德育课程。

如此为人处世，难不难呢？不那么容易。班主任果能如此，其工作还有多少难处呢？

找回中国教师的"实践自信"

课改催生了太多的理论和实践专家，催生了太多的教学模式，也成就了不少学校典型。宜兴市实验中学也是，而且是典型中的"另类"。该校校长、省特级教师王俊通过学习借鉴、揣摩深悟、斟酌推敲，提出了"两类知识结构"课堂教学的新思路，一时为大江南北很多老师、校长和学校所追慕。该校也是省教育厅师干训重点基地校，我因工作关系常有机会去该校学习。深感奇怪的是，在外声名很响的所谓的"王氏模式"，在校内却没能做到"千篇一律"，不少老师还持有"异见"甚至反对。王校长对此竟不以为意，还特意告诉我，有异见者，很多都是教学有个性有成效的老师，他们的最大特点也是优点就是富有充分的"自信"。

听罢愕然：自信，教师的自信，当下我们基础教育阶段的很多教师身上，还找得着"自信"吗？

近几年来，因为工作，经常出入省内外各中小学。所到之处，感受极深的是，"名校"的"成功"经验就是决胜升学疆场的宝典，媒体追捧的"教学模式"就是四海皆准的"真理"，名师一己的想法和做法就是诸多老师心中的不二法门。在苏南一个语文研讨会的现场，我刚刚就一位公开教学的女教师的课堂非常小心谨慎地提出一点商讨的意见，没料到这位教师马上"反驳"："老师，我也知道你说的有道理，但是，有些专家可不这样看。假如我像你说的这样做，给上海的某某专家知道了，他要笑死的。"我有点不悦，不是因为她的"反诘"，而是因为她的缺失"自我"、一味迷信的思维方式。于是我以不经意也带点戏谑的方式回应道："重要的是你自己，你自己的认识和看法。至于专家，他距你那么遥远，没有千里眼和顺风耳，又没人通风报信，他又何以知晓？即便知晓，他愿意'笑死'，又与你何干？"

这一位可能是课改后被专家"迷倒"的教师典型。唯"专家"马首是瞻，只要是专家所言，科学也好，偏激也好，不作鉴别，不分青红皂白，一概照单全收。大量教师自信缺失、自我失落，这是如今国内中小学教育一方面在现代化和均衡发展方面高歌猛进，而另一方面在内涵领域却怪相百出、险象环生之主因。

也有例外。在西南边陲某省的一场规模宏大的课改推进会上，当某一位理论专家用所谓的理论、框架和标准，将十余位特级教师的课堂批得体无完肤时，有一位女教师当堂发声：这样不尊重人、不尊重实践，以为理论可以包打天下，课改滋养出来的一些所谓的理论家，实际已经成了课改的绊脚石。因为他们这样的做派，毁掉了很多老师的自信和尊严，而本质上伤害的就是课改和教育。

这位教师的话，可能稍有偏颇，但却道破了不少教师"自信"缺失的根由。同样，也是由这位教师的自悟和上述王俊校长所在学校教师的"独立"，我们也不难悟出教师的"自信"之由来。

首先来自用心尽力的实践。经过专业学习培养之后的教师苦心经营的教育教学，只要假以时日，焉能没有成果和经验。孔子当年的成功教学又何曾有什么高深的理论引领？片面地过分地夸大理论的绝对价值同样是危险的。其次来自实践的有所成功和建树。有了较长时段的探索，取得了阶段性的成就，有了深度的反思，甚至还有深度的研究。那当然就理直气壮、底气十足。再次来自真正的科学理论的支撑。任何专家的一面之词、一家之言，是不是就能代表理论特别是科学的理论？这真的还很难说。原文原著的系统阅读，实践与理论的对照分析，斟酌权衡之后的体验感悟，这才会感同身受，融会贯通，因而信心满满。最后来自思维理性。凡事多问为什么，不仅反求诸己，而且直究其真。不在乎名头和身份，只计较是非和真伪。前因后果、来龙去脉都一目了然，那还有什么可说的呢？

如是，那自立进而立人的极为难得的自信，便可以逐渐滋生成长；而同样不可忽视的是，在当下教育转型的当口，那些控制着话语霸权的"专家们"的收缩阵地、降低音调，那些几乎可以"生杀予夺"的行政官员和校长们的尊重理解、大度宽容，可能更加重要！

如是，教师的自信有望被唤回；如是，中国教育的前景和未来定然有望！

教师故事是最好的德育

——读《通州教育故事》

一

2018 年的三四月份，与东北某市的教科研人员交流。一位教研员现场提问：听很多人说，中国教育看江苏，江苏教育看南通，你怎么看这件事？

这个问题不大好回答。我是如此实话实说的：这句话，我也早就听人说过，它大概是想表达对江苏教育特别是南通教育的肯定。我个人的理解是，中国教育可以看所有的地域，各个区域的教育也都有可看之处。比如就完全可以说，中国教育看黑龙江，黑龙江教育看哈尔滨。关键是看什么，怎么看，看了之后又怎么做。假如你问我，江苏教育有什么可看的，江苏的南通教育有什么可看的话，我觉得这倒是一个非常有意义的话题，可以引发我们对江苏及南通教育的深度思考和研究。比如说，江苏教育的最大看点在于江苏各地教育工作者的务实勤勉、自强不息、主动作为的精神。有一句话叫作"不用扬鞭自奋蹄"。南通教育赢就赢在这 20 年来在教师队伍建设领域尤其是名师培养方面作出的积极努力，获得的巨大成功。一批实践型教育家、领军教师和校长的脱颖而出，一大批名师队伍的茁壮成长，就是靠南通行政推动、专业引领和优秀教师的自求进步而实现的。而这样一批德才兼备的名师又像星星之火一样辐射、扩展，以燎原之势，带动南通教师队伍整体专业能力、水平的快速、高位的发展提升。

这是临场的即兴表达，不可能面面俱到。当我读到南通市通州区教育局给我送来的一部《通州教育故事》的书稿，不禁大喜过望。书中通过教师、家长、学生所讲述的教育故事，主要是教师故事，正好印证了我上述观点。

二

这部书写得好，这故事讲得好。

理直气壮、正大光明地讲述教育故事、教师故事，弘扬优秀的教育正气、教师精神，而且是以专辑的形式、书籍的形式来呈现，可能是现实社会和现实教育背景下最需要最应该做的一件事儿。这许多年来，由于应试、市场化、传统失落、价值观偏移、媒体跟风炒作、社会转型等种种教育和非教育因素、主流和非主流因素的影响，教育，成为全社会关注的热点和焦点，步履维艰，动辄得咎。一件微不足道的小事会被有意放大为"事件"、"大新闻"和负面新闻。学校、教育的形象和地位几如金刚变形，江河日下，几乎成为规模最大的"弱势群体"。而这恰恰完全不是学校教育的全部和真实。

全部和真实，就在《通州教育故事》这部书里。大量鲜活的教育生活场景，一个个教师学校生活片段，从备课到上课，从课堂到操场，从教学到活动，从餐厅到宿舍，从学习到生活，从学校到家庭，有学生的地方就有教师的身影，就有育人的足迹，就有成长和发展的美丽。

多视角的讲述主体，多层面的教师生活观察，多维度的教师精神世界的揭示，让我读到了通州教师的气度风韵，让我破译了通州教育成功的密码。

三

阅读《通州教育故事》之时，正好读到我大学同学——一位资深校长描述她八十高龄的教师母亲的散文，其中的一个细节让我特别感动：

> 特别耐人寻味的是，一个精神受过刺激的邻家妇女，每每病情发作，常常是六亲不认，但只要我母亲到现场，她就会立马安静下来。愿意听我母亲的话，乖乖地吃饭、睡觉。

这让我陷入沉思，教师究竟是什么人？仅仅是学生的老师，仅仅是教学生知识的职业人？仅仅在学校中发挥他的作用和价值？

由此也想到 1949 年前长期做私塾先生的我的祖父的故事。祖父的后半生，生活在新中国，基本无业，但却在村子里颇受尊敬，村干部难以处断的家务事、邻里纠纷，几乎都是邀请祖父出面。所谓出面，也就是端着个紫砂茶壶，到现场坐一坐，喝几口茶，抽一支烟，咳嗽两三声；有时候三言两语，有时候好像什么也不说，立马息事宁人，风平浪静。叫人不可思议。

我小的时候，在村子里生活，被邻里长辈关怀，几乎可以说被宠爱有加，在那样穷困的时代，居然能走到哪吃到哪，从未受过什么冷落和白眼。少时不明其间就里，后来才逐渐悟出，这多是祖父造福乡里的"师德"恩惠之余荫和福报。

教师究竟是什么人呢？我在多年之前就曾说：教师即教育。没有教师就没有教育，在任何关乎学校和教育的讨论中，教师地位从来都毫无异议地必须排在第一；有什么样的教师，就有什么样的教育；而因为教育关乎社会文明，决定国家精神，我们又可以说，有什么样的教师，就有什么样的民族未来。

这样说来，教师就应该是一个区域道德的高地，一个时代文明的山峰。

通州教师故事、教育故事，以其本真和朴实的呈现，一再展示了通州教师队伍专业的底蕴和精神的高度。

我从心底欢呼这样的故事。

四

讲优秀的教师故事，可以弘扬教育正气和正能量。

如前所说，社会转型，市场功利造就出另外一个生活现实，在金钱和利益面前，丛林法则几乎成了社会生活的不二法门；人与人之间情义有价，善恶错位；善良、诚信、敬畏这些中华民族的文化品格越来越稀缺；崇高、浩然正气逐渐被淡忘；英雄和英雄主义不断遭"围剿"；大爱、奉献这些耳熟能详的主流价值被慢慢"解构"。加之教育应试的愈演愈烈，较长时段的价值观错位，带给学校和师生的影响深重。教育故事，正可以见微知著，管中窥豹，通过区域教师的优秀典型，以清源流，正视听，重树教育新形象。

讲优秀的教师故事，可以树立榜样，"带"出更多更为优秀的故事。转型期的教育，教师队伍的主流虽然优秀，但问题依然不少，比如师德师风方面。解决问题，需要师德高尚的教育英雄不断涌现。而故事是一种最好的召唤：感染、感动、激发他人。这就是习近平总书记所言的"带"。2018年5月2日，习总书记在北京大学与师生座谈时谈道："高素质教师队伍是由一个一个好老师组成的，也是由一个一个好老师带出来的。"一个"带"字，准确揭示出教师成长发展的规律，师德师风建设，榜样示范，上行下效，代际传承。这就是教育故事及其主人公的魅力和价值之所在。

讲优秀教师的故事，在感化他人，影响更多的他人的同时，也有"反作用力"。说自身的故事，讲他人的故事，天长日久，也会形成对于自身的心理暗示和行为促进，自然而然地使自己更加严以律己，从而创造出更加优秀丰富的故事。

讲故事的终极目的，是为了不讲故事。当每一个教育工作者都逐渐优秀卓越起来，当每一个教师都成为优秀故事的主体，并且有一天就成了故事，当每一个教师都成为学校乃至社会的一门门德育课程，我们还有什么讲故事的必要呢？

五

当然，今天还是需要教育故事的，而且迫切需要越来越多的教师故事。因为今天我们还有许多教师少有故事，我们的社会还有很多人需要教师故事。

写作此内容时，正赶上与同事一起出差，该同事正在职读南京大学某著名教授的博士，途中谈起他的导师的故事，导师最近被推举为国务院政府特殊津贴专家候选人，博士学生们纷纷发短信祝贺。该导师群发短信道："感谢同学们的鼓励！虽然已进知命之年，老师未敢懈怠，还坚持在人生的道路上努力书写奋进之笔呢，只是对结果的认识已是顺其自然。对老师来说，更重要的是以身作则，以便同学们今天能以老师为榜样。如此，明天老师必以你们为荣耀，让我们一起加油哦。"

看完，我热泪盈眶。我庆幸，为我的这位年轻的正在读博士的同事庆幸，他遇上了一位优秀的导师；我更庆幸他在我面前流露出对他的导师的尊敬崇拜之情；我也毫不犹豫地坚信，这样一位导师培养出来的博士，不管其才华和能力如何，其道德越来越优秀一定是毋庸置疑的，当然也包括我的这位同事。

好老师不是"教"人道德优秀的老师，好老师是通过自己自然流淌出来的高尚情感、毫不矫揉造作春风化雨的言语以及随心而至的行为"熏染"学生道德的老师，我把这样的道德培养的行为称为"育"。

这样说来，讲教育故事本身，就是一种德育。这正是《通州教育故事》的意义价值所在。

| 第六辑 |
寻觅教师发展

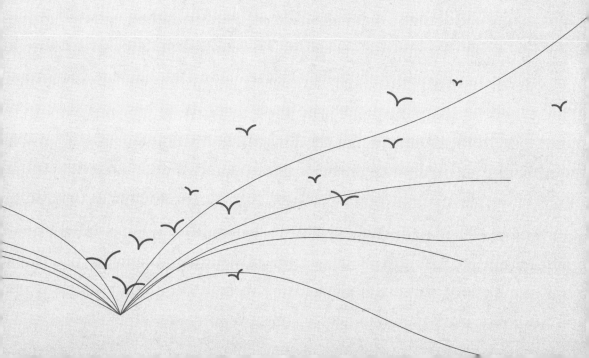

"三友"伴行可致远

高考制度恢复的 1977 年，心比天高的我，报考了南京大学等三所名校的数学系，结果阴错阳差进了南京师院镇江分院的中文系。好在小时候在做过私塾先生的祖父的陪伴下长大，有对"教育"的某些感知和了解，特别是祖父为师的德性和在乡邻中的威望，给我幼时的乡村生活增添了无限的温馨，也曾让我多少萌生过"为人师"的奢望。

待我三年后走进家乡最好的中学，终于有机会像我祖父那样"传经布道""授业解惑"时，我立志，要做就做祖父那样德高望重的好老师。于是，专心、尽责，勤苦钻研教材，反复斟酌教案，十分讲究每一个教学细节，让每一节课完美，让每一个孩子满意，就成了工作之初我生活的全部内容和追求。时值上世纪 80 年代，改革开放，百废俱兴，教育交流异常活跃，外来考察学习的很多，教研室和学校不时安排我上"公开课""示范课"，机会难得。记得每每"公开教学"前夜，总有班主任和班上少量骨干来找我，希望能够探得一两点明天上课的"消息"，以期"展示"效果的"美好"，给外来参观者更多的"意外"和"惊喜"。初衷虽然"美好"，但毕竟与为师为学之道相左，所以我从不为所动，固守着"真"的底线。这也是我为人为师永远的底线。

不仅如此，心目中如祖父一般塾师的崇高，身边如师长般同事的敬业，班级里那些如鸟雀待哺的学生的勤勉，校园边如诗画一般烟柳流水的温柔，总时时影响、激励、感染、教化着我。阅读文学，诵背古诗，翻看教学之理，如陶渊明所言"好读书，不求甚解"，旨在夯实功底，能"腹有诗书气自华"。调入县中高中部两年后，1986年初，无意中得知江苏教育学院（江苏第二师院的前身）招考本科的消息，我赶紧与相关领导沟通，一经同意，便利用工余，又一次开始了"三更灯火五更鸡"的迎考生活。于教育学院的两年脱产进修，是在六年教学实践之后的系统而有深度、高度的学习、反思，让我从仅仅关注"教学"的技术和"匠气"，开始重视教育的艺术和"匠心"，这是质的飞跃。从此，研究，成了我工作的新领域；研究，让我不断发现人生的意义。

1988年，我从教育学院毕业，回原单位工作，我几乎把所有工作之外的时间全部用在了阅读、思考、研究和写作上。每天五点多起身到办公室阅读、写作一小时，接着吃早餐，上班；晚饭后，到办公室处理完一天的教学工作，继续写作、阅读两小时。数年间，我连续参与并荣获了市、省到国家层级的20余项论文、课题和优秀课评比一等奖，所教数届毕业班语文成绩不断创出佳绩。1994年，在评上一级职称一年后，破格成为省内最年轻的中学高级教师，2000年，被评为江苏省特级教师。

20余年中学教育以及学习研究的奠基，使我有了后来发展道路的较多选择和调整。2003年，调入镇江市教育局教研室、教科所；2006年，又调入江苏省教师培训中心。更大的平台空间，更多的目标任务，更高的规格要求，实际也是更为有利的发展机遇和挑战。10年间，尽管岗位有变化，职务有升降，但我坚持不懈的是对于本职工作的潜心思考和研究，从区域教育质量提升到中小学教学管理，从教师队伍建设到高端校长成长发展，从单一培训项目的策划和实施，到全省教师培训的战略思考和规划研制，也包括我自身几十年间从未放弃的语文教育。天道从来酬勤；一分耕耘，自有一分收获。2010年，我被评为研究员；4年后，转评为文学院教授。

回望来路，风尘仆仆，很多收获，很多感慨。这些对于正在求职或即将入职的青春校友也许会有所启发。

诚实，从来都是立身的基石。放眼长远，善良、厚道、吃亏，这些也许当下被某些人疏离的东西，恰恰可决定未来的你是不是真的成为光芒四射的"黄金"。

用心，几乎就是成事的利器。许多年甚至几十年为着一个目标，逐渐积累，专注一心，持之以恒，成功终有一天会在某一个早晨向我们招手。

主动，是优秀者卓越的秘诀。自己要好，才是真好；自求进步，才有真进步。发自心底的声音，向善向上的欲念和行动，那是九头牛都拉不住的。

人生可以很简单，人生其实很简单。关键在总是诚实，一直用心，常常主动。于是，简单，可以活出丰富；简单，也能外显出闪光和精彩，也能内蕴有意义和价值。

多方协力，共襄教师发展

不断有关于教育的利好的消息传来，说，2017 年，极有可能成为中国师资队伍建设年。听罢不禁欣欣然。十余年前，发表过"教师即教育"的观点，主要是针对社会对于教育与教师关系的认识误区而言，针对各级政府对于教师发展工作不够重视的现状而言。"习李新政"之后，紧随"转型"战略，一个个治国大策稳步推出，精准实施，教育也不例外。这许多年来，从上至下共识已经逐渐达成：中国转型的关键在于教育转型，教育转型的关键在于教师发展。正因为此，国家层面对于教师培训的经费投入几乎成倍递增，地方政府和学校为此也可谓不遗余力，可以说，教师队伍建设、教师发展工作，迎来了史上最好的时期。但问题也随之而来：原本缺少发展空间和机会的广大教师，在越来越多的学习平台和路径面前，却开始产生疲劳和倦怠，甚至有人消极应付和拒斥。症结何在呢？

从客观上讲，教育的应试早已演化为赤裸裸的分数和升学率的"常规战争"，学校与学校、校长与校长之间的比拼实际就是教师之间的比拼，各种各样假以质量提升美名的应试奇招和教学管理绝技已经让教师的教学生活，与学生的学习生活一样无诗性无情趣，几乎"暗无天日"；而教育行政和非教育行政对于学校管控的失常、无序和越来越多的非理性，导致教师工作混杂、忙乱和对于教学的游离和疏远，教师少有可以自己自由支配的时空；教育的应试虽然带给教师永无止境的分数比拼的压力，但很难形成教师对于新知追求的推动，因为无论怎样的测试，只要框定了知识点和能力点，就标志着范围和难度的规定性和稳定性，也就决定了其技术突破和从容应对的可能。于是，就一般教师而言，可能只需要在应试的技巧和策略上作一些揣摩和研究，至于专业和素质，人文和道德，跟分数比拼的教学没有什么大关系，就不显得那么迫切和必需了。而且职称评审原本是引导教师专业发展的"利器"，但由于标准异化，仅仅关注课题、论文的数量和发表级别，而这又因"枪手"、期刊的"合力"作为，迅速演变为商业市场的经营行为，于是"金钱可以搞掂一切"的法则，一无阻隔地让本应"神圣"的职称注水，教师发展的"专业"和期望无限"打折"。当然，现实中，对教师发展发挥着引领、激发作用的"培训"，也因为某些以营利为主要目的的培训机构的敷衍失责和非专业操作，让教师们乘兴而来，扫兴而归。

按照内外因关系的哲学原理，一个人的成长和发展，外因从来都是变化的条件，内因才是变化的根据。尽管如上所述的问题普遍存在，大量的客观因素包括行政官员和校长对于教师发展的认识不足和偏见犹存，严重影响和制约着教师发展和教师队伍建设，但我们也仍然看到，各地依然有许多优秀者艰苦拼搏、奋发图强，经数十年苦行而不辍，终成一代名师。观察他们成长成功的轨迹，你会发现，做好教师，把学生教好，教出好学生，成为学生永久铭记的好教师，是其始终不渝的心志和追求。

发展主体的自身励志，社会各界尤其是教育内部齐心协力，尤其是管其所该管，放其所应放，矫偏救失，彻改教育生态，使教师工作有余暇，心灵有自由，内外因合力，专业就成为核心，发展就成为自然和必然。唯此，基础教育的转型才有可能成为现实。

优秀者依然任重而道远

【说明】2013 年，我所在的省师训中心与南京溧水区教育局合作举行了一期名师培训，即将结束时，对方编辑了学员们的学习成果，要我在汇编成果的前面写几句话，无以推脱，便有感而发，写了几段。这里截取后面的部分，加以标题，供朋友们批评。

就本项目而言，到今年年底应算是告一段落。就全体培训学员而言，已经是名师培养对象，相当于名师后备军，虽然已经培训一年多，但并不意味着他们培训和发展的结束；这不过是他们成长和发展全程中的一个破题阶段。因为就一位有志于成为优秀者的教师而言，发展是伴随自己教学生涯的事儿。而从教师成长和发展的一般规律而言，真正天生具有发展自觉、主动追求卓越和优异的毕竟是极少数，多数教师都经历了一个从"被"发展到主动发展的过程。这样的"被"发展，似乎有点逼迫、裹挟、赶鸭子上架的味道，但正是这样的"被"式的培训和催逼，有时候竟有意间成就了一批优秀教师。从教师主体心理变化的轨迹来观察，你会发现，似乎是催赶和逼迫式的培训，通过优质的课程、有效的教学、科学的策略和方法，激发了受训教师的发展热情和欲望，引领了他们前行的路径和方向，逐渐使潜隐于他们心底的那一份"动力因子"活动、活泼、活跃起来。于是，从"被"牵引着进门的这一群人，其中不少会情不自禁地从主动之门出来。从此，他们便开始步入发展的快车道。其中的道理就在于，任何人的发展都是靠自己的原动力推进的。一旦原动力被激发，而且动力源被激活，即使你用九牛二虎之力拽它回来，也不能够。培训的力量，我以为不在其他，就在此处。

我相信，参与本项目的老师们，都应该是被激活了原动力的一群。否则就不好解释我们一年多培训中学员们参与的热情之高，获得的成果之丰。但是正如同未来的教育教学之路漫长修远一样，我们的发展之途也是漫长的，我们还是应该做好下列工作：

进一步设计生涯。在专家的引领下，准确定位自己的发展层次，规划好未来一段时期或者是整个教师生涯追求的目标，包括近期目标、阶段目标和远期目标，并设计为此目标达成所必须采取的策略、方法。如今江苏省教育厅已初步为高端教师的发展构建起多层台阶，从江苏省特级教师后备人员、特级教师到教授级高级教师和人民教育家培养对象，可以说让许多终身致力于人民教育事业、追求成为优秀教育专家的有志者能够逐渐成长、稳步提升直至卓越。我个人以为，现在是有史以来教师发展最好的时代，是教师英雄辈出的时代，每一个有志者都可以有机会成为中国教育的英雄。相信溧水名师一定可以大有作为，大展雄才。

进一步守正持恒。理想要变成现实需要我们付出艰辛的劳动，需要我们扎扎实实的努力。谚语说，驴子砌不了高楼大厦。自身在目标明确后的"个人奋斗"在今天异常重要。苦行僧一样耐住寂寞，心无旁骛地做好教学这一本职工作，并将这样的本职做出声色，做出层次和品位，瞄准教育教学的某一或某些问题进行深层次的探究和分析，独辟蹊径，力争找出解决问题的对策和思路，可能是每一个名师培养对象奋斗的内容和目标，也是必经的道路和阶段。但面对现代社会和生活的丰富和诱惑，如此而为相当艰难。但我以为，一方面职业的选择决定了你的生活和生活方式与他人的有别，这是"自作自受"，不必怨天尤人；另一方面，教师工作也自有其乐，教师生活也可以多彩多姿，重要的是能够动静结合，更多的时候宁心守神，可以读书、思考，可以研究、探求。也许这生活的意义才是生命的本真状态，也是最有价值的。最为重要的是坚持。"冷板凳"真的能够坐得十年？每天 10 分钟做一件事——吃饭等除外，真的能够坚持三年？

所以美国人说，只要你努力，努力，总有一天，你会被安排到你不能胜任的位置。

还有一点必须提醒的，就是终身以读书为务。教书而不读书，照理是天方夜谭，但从一定的范围看，"最应该读书的那一群人却最不读书"几乎是事实。能教而为师，是因为善学而有智多知。朱熹说"问渠那得清如许？为有源头活水来"，"源头活水"已绝，何以有"方塘"如鉴？没有了书的滋养，"道"之所获，何以有"师之所存"？有一位身为语文特级教师的校长朋友跟我说，一个好读书的老师，他上课再差也差不到哪里去；相反，一个不读书的老师，他上课再好也好不到哪里去。我觉得虽不免绝对，但对于普遍的现象而言，大体是不错的。

从"自觉"走向"改变"

——应试雾霾中的教育人应有的姿态

2010年3月份，应朋友之邀赴江苏无锡滨湖区的一所初中。坐高铁，享受着现代文明的便捷，似乎只掠过几处的灯火明灭，转眼到站。其时已是晚间九十点钟，朋友和校长竟然"飞车"隆重来接，倒让我惶恐。上车寒暄，各自相识，不免"久仰"之类虚应形势的"礼数"。车子埋头飞行，我与校长的交流渐趋常态。谈及该校生源，她告知绝大多数是外来务工人员子女；我便顺口问及本地孩子和外地孩子如何编班的问题，她告诉我，当然是混编。我说也听说有分开编班便于教学和管理的说法和做法。她不假思索地脱口而出："要是那样，我自己感情这一关就过不了。"她这话让我震撼，尤其是从一个女士的嘴里说出。它让我进一步体会到底线和良知，道德和人文在教育管理者身上的力量以及这种力量的重要。

她让我记起四五年前，与几位专家到无锡北塘区公干，到一所小学，也是两位女校长向我们介绍她们的学校、老师和学生。校长热情洋溢，直率慷慨，充满自豪和自信。其中的一句话当时就感染了我。她说："我们两位校长有一个共同点，就是燃点特别低。"怕我们误解，她解释说："就是极其容易被感动，甚至有时候还会冲动。但全都是因为老师和学生，是被他们打动的。"我后来理解，这冲动和燃点实际是"爱心"的表征。所以我后来写过一篇文章《欢迎燃点低的校长》，以表达对这样一类教育工作者的尊崇。

一夜无话。第二天到这所初中，一条直通太湖的河流从校园正南方横过，水边的垂杨柳的枝条随风翻舞，将氤氲的水气送入校园，这校园立时便充溢着文气、书香和温馨了。校长领着我到各位老师的办公室走访，在某办公室数位正在备课的老师与我说的一番话，令我动容。老师们说："严老师，我们今天所做的教育哪里是在教育，几乎都是在'谋害'我们的孩子。"这时候，校长插话说："你们是帮凶，我应该是主谋。"又有老师说："我们也知道，这种教育的乱局，也不是哪一个人随便可以改变的，校长也是没法。不应试，应试不好，我们很多人，甚至可能连饭都没得吃。"我说："不仅仅是校长，可能从上至下有办法的人不是太多；但不是绝对没有办法，每个人都可以想点办法。"

所以在接着的下午与大家的交流中，我说了如下一段话：

中国教育的沉疴，其积重远非一日之力，而要解决当然也非指日可待。非有大气魄、大视野和大牺牲之精神之人不能撼动其根基。但是，假如我们这些在一线在课堂在学校工作的老师——尽管我们被应试的大潮裹挟着一时还难以有回天的巨力——能够在干活的同时有一种清醒的自觉，知道这样做不对，这既有对规律的认识和尊重，也有对良知和道德的坚守和敬畏，这已经是非常了不起了。不仅如此，假如我们因为这种自觉和坚守，还能在这样的教育教学中，融入我们自身的"解构"之力，发挥我们的教育教学智慧和经验，将这样一种应试的坚冰做一点推移甚至是融化，那就是功德无量了，而且这恰恰是中国教育改变的希望。相反，我最害怕的是，若我们在应试的氛围中，随波逐流，一意孤行，而且还自认为，这就是教育教学的规律和真谛，教育教学原本就应该是这样的，我就是要如此地教育教学，那中国教育要想走出如今的泥淖便遥遥无期了。从这一意义上来说，我们这所学校的老师无疑是我见过的最优异的群体，我应该向大家学习和致敬。

想到一句俗语，病来如山倒，病去如抽丝。在中国做任何事，既慢不得，又急不得。教育犹然。我把中国教育的目前状态称为后应试时代，我预计其延续的时间也就是十年左右。到了这所学校看到这许多老师，听到这样的真知灼见，我对未来更多了信心。

从来就没有什么救世主，要创造教育的幸福，靠我们教师自己。而每一个教育工作者个体的主动改变比什么都重要，它不仅是自救，也是利他，利整体，利家国。正好像千千万万涓涓细流的改变一定会影响大海的格局和面貌。

一专多能：未来教师发展的方向与重点

2017 年上半年，我带着几位语文教育硕士在南京的几所名校做过一项比较研究。研究不仅"一专"而且"多能"的语文教师与一般语文教师在教育教学领域的区别性特征。在课堂教学、教学效果受学生欢迎程度等多个方面，前者的优势显而易见。再从教师本人生活质量和价值实现诸方面看，后者的差距也是十分明显。

其间有很多道理可说。对于语文教师而言，做到"一专"，具有语文教学的一技之长并且逐渐提升和发展完全是本职之"必需"，问题是过于"专一"，也就是从语文到语文，从知识到能力，再从知能的教学到知能的应试教学，必然会导致学生对于缺血少肉的语文教学乃至语文课程的倦怠和厌恶。相反，具有"多能"的语文教师，由于"多能"对于课堂教学和语文教育的"反哺"和"回馈"，教学呈现出"秋水长天""杏花春雨"的绚丽，课堂展开为"旁征博引""灵光频现"的丰盛。杂文家可以表达思想和批判的深刻，小说家可以呈现想象和描述的奇异，学问家可以显示思维和逻辑的缜密，书法家还可以"书就"艺术的审美和厚重。这样的语文教育，这样的语文教师，又怎么可能不为广大学生所喜闻乐见呢？

这就是说，与其他学科的教师发展有所不同，语文教师的"专业发展"可以走出一条带有鲜明个性的道路。你不是要教学生识字吗？你就可以成为古人所言的"小学"研究的学者。你不是要教学生写字吗？你自己就可以成为软笔或硬笔书法家。你教学生阅读理解，你就可以成为文章家、文学评论家；你教学生写作议论文，你就可以成为政论家、杂文家；

你教学生欣赏和创作文学，你当然可以成为诗人、散文家、小说家或者戏剧家。一个语文教师，一辈子陪着学生教这教那，学这学那，结果，我们还真的教出了这学者，那作家，而多少年之后盘点，却惊讶地发现，我们自己总是光说不练，既无甚名，也未成家。这于事于理似乎均有不通。

问题出在哪？我认为：

一是意识和理念。长期以来，我们在"一切为了学生"的貌似正确的教育观念下，错误地认为，把所有的时间和精力全都扑在学生身上，才是负责任的好教师。实际上，问题的症结就在于，"一切"隐含也暗示着，所有教师对学生全方位、无缝隙的管控，实际是对学生学习自主和精神自由的剥夺；众多教师因此而无暇顾及或者有意轻忽自身的学习和发展，实际是对自己和教育未来的极不负责和自暴自弃。试想，竭泽而渔，蜡炬成灰，有何未来可言？从这意义而言，叶圣陶、朱自清、吕叔湘、于漪、钱梦龙、洪宗礼这些语文教育大家也是学者、作家的一群，才是我们终身学习的榜样。

二是耐力和意志。大学中文系的，教学语文的，有谁不会关于文学文化的"三拳两脚"？问题是，选择自己钟情的、喜爱的某一领域，孜孜以求数年、数十年的，普天之下，成千上万的语文教师中，究竟有几人乎？假如我们越来越多的语文教师能够像江苏的王栋生、李震那样，数十年如一日，成为思维敏锐、思想独特且能启人心智的杂文家，学养厚重、持论有故有据的曾巩研究专家，那语文教师自身的形象、语文课堂教学的面貌，当会何等光鲜！

正如我的三位研究生同学的观察、发现的那样，这些教师的个人成长和发展，也许开始阶段最为直接的收益，是他们自己成名成家，但最终惠及的还是我们的学生。

又哪里仅仅是语文教师呢？

为了教师自己，发展教师自己，既是给学生松绑和减负，宽松和自由，也是更好地为了未来的教育和学生，学生和教育的未来。这是功德无量的"双赢"。

"互联网+"时代：教师发展的路向

一

先看一篇 2016 年 12 月 9 日《澳大利亚金融评论报》网站的短文：

在一个美好的上海夜晚，13 岁的李文伟（音）在 10 时 45 分做完了家庭作业。对这位初二的学生来说，放学后还要再学习数学、物理、语文和英语等课程 3 小时以上。

每周，这种需要完成繁重作业的作息表持续 4 个晚上，而他们 5 天的学校生活从上午一直持续到下午。在周末，除了少量的休息时间外，李还需面对 8 小时工作量的家庭作业以及到补习班接受 4 小时的英语和物理辅导。

对李来说，每周就意味着忙碌 77 小时，这种作息时间表将令任何企业律师和银行家汗颜。

李的父母和老师们也不轻松。老师需要每天提前布置作业，然后在微信上发布答案，并要求家长签字以说明孩子已在规定时间内阅读课文。当晚 11 时 18 分，家长们还在微信群内交流子女完成作业的进展。所有这些都是为确保一位少年能考上高中。但这种努力也无法让所有人如愿以偿，在上海仅有 60% 的学生跨入高中校门，从而参加以艰难著称的高考。与世界上大多数地区一样，他们的最终目的是进入名牌大学，然后再从事一份报酬丰厚的白领职业。

文章作者叫格雷德，特别有意思的是文章的题目：中国教育意味着某些孩子每周忙碌 77 小时。你的孩子能与他们竞争吗？

身处中国教育内部，阅读这篇文章，真是五味杂陈，其细节描写的精准和典型化陈述的深入极度真实；而文题有关"竞争"的追问我不知道是正面的夸赞还是反面的嘲讽。

二

真是很难想象，这样一种教育情形，居然发生在第八次课程改革 15 年之后，并且教育内外又在轰轰烈烈地启动"深化课改"的背景之下。2001 年启动课改时，从上至下，广泛动员，可谓声势浩大，几乎涉及中国每一所学校，每一位教师。主事者和核心专家信心满满，指望通过建构主义理论，通过创新和实践能力的目标导引，以课标建设、教材建设和教师教学理念更新作为支撑，一举推倒盘踞基础教育多年的应试冰山。然而现实骨感，与课改的初衷几乎南辕北辙，这许多年来，教育内部的人士都明白，或者揣着明白装糊涂。一方面，那是对外的，素质教育、人的发展、以人为本的口号喊得震山响，如果看公开发行的"宣传"素质教育的书籍和刊物，无论是学者的还是行政的，无论是典型介绍还是经验推广，整个感觉中国基础教育简直是人类最先进的教育，最科学的教育，成果最丰富的教育，因而是一流的教育。但另一方面的现实呢？哪里需要澳大利亚人的隔靴搔痒，我们自己，只要有孩子，有孩子在学校哪怕是幼儿园学习，其感同身受，其痛心切齿，真是罄竹难书。基础教育，带给孩子，带给国人，哪里是"灾难"二字可以了得？但是"客体对象"之实际所感与主体之舆论所宣却如同阴阳两隔，一言以蔽之，教育本身的堕落，教育本身的本真丧失，已经背离教育的初衷，已经失去了作为教育的资格和资本。真不知第八次课程改革的"始作俑者"们，曾经意气风发，像当年大战"风车"的勇士一般宣战教育应试的"英雄"，十余年之后，也大都垂垂老矣，面对此情此景，又将作何感想。

可敬的是，即使在这样的背景下，极具智慧的教育专业人士，仍然不甘心课改之前功尽弃，开始了有关课改"深化"的新一轮冲击。最近两年来，"核心素养"的概念高频次出现在专家报告、媒体、各类杂志和广大教师的论文中，获得业内的广泛欢呼与应和。我也对此乐见其成。但纵观学者们苦心孤诣或借鉴或独创的有关核心素养的完美体系，尤其是其中关于学生发展的理想构建和设计，虽然"高大上"，虽然无比正确和科学，虽然几乎完全是跟国际接轨，但还是喜忧参半。喜自不必说，如果我们民族和国家的未来真的能够按照如此理想的设计学习和发展，比如人文底蕴、学会学习，比如具有理性思维、科学精神，那么未来的青年，未来的中国和中华民族又有什么理由不傲然"屹立于世界民族之林"而毫不逊色，因而毫无愧色？问题是，这样的起点和定位究竟是基于人的发展的理想的，还是基于教育实施主体的发展现状和现实的？这样的理想，从社会现实、教育现实尤其是教育实施主体的现实，又有多少实现的可能？因为有两个不容回避的问题，这样的素质素养的要求，在当下之中国，就学校教师和校长的角度看，究竟有多少人具备或者基本具备？而且，一旦这样的理想的教育真要付诸实施，社会、行政尤其家长甚或部分学生又会有怎样剧烈、极端的反响？这许多年来，总有一些教育行政官员或学校校长，愤世嫉俗、不谙世事，于是剑走偏锋、一意孤行，想通过局部的个性化的"革命"，挑战这反教育的教育现实，却几乎无一例外地"折戟沉沙"，已经是最好的证明。

问题的关键是，转型已成为中国社会的共识。而且，短短几年间，政治、行政、社会、经济、文化、军队诸领域的改革有些是重大改革紧锣密鼓地进行，有些领域"转型"已经是真真切切的事实。有专家说："中国社会转型的关键在于教育转型。"其理由十分清楚，转型中国，尤需要适应转型社会需要的人才的支撑。于是，教育之转型也已经箭在弦上、迫在眉睫。既如此，教育转型应该从何处着手呢？看来，就基础教育而言，人才培养的目标和模式，教育教学的理念和方式，应该是关键。说白了，还是一句话，依据人的成长发展规律，培养适应未来社会和"转型"需要的人才。而这与十余年前课改的"初衷"是一致的。而当下教育愈演愈烈的"应试"竞争的惊涛骇浪，距离这一"初衷"之实现，何止十万八千里。

而今天，是技术和信息瞬息万变、一日千里的时代。设想一下，让明朝的吴承恩复活，一个曾经在那样的时代就经由纵横驰骋的想象创造出《西游记》和孙悟空这样一个筋斗翻出十万八千里的文学形象的作家，他也会目瞪口呆。互联网、云平台、云计算、大数据以及已经开始出现的"物联网"，现代科技的力量对于生活、社会和人的发展的"改变"几乎达到了匪夷所思的地步。而意念控制、记忆移植、量子力学等对于未来时代的发展的影响，将会是一个令人觉得万分疯狂的理念，而有极大的可能，这些都将成为事实。所以有人说："你不能忽视稚嫩的现在，它们或许是不可撤销的未来。""三十年前我们如果将今天的生存、生活搬上荧幕，那就是极好的'科幻'。那么，在30年后的2047年回首，我们将会发现，今天，一个以人为中心的智能革命时代已徐徐展开。"

比如，借助互联网平台的网络学习、与之紧密关联的"翻转课堂"几乎已经一天天"兵临城下"。问题的关键就在于，借助网络、借助海量资源，一个具备基本的学习能力的人就可以充分自主地借助一定的工具和方法阅读学习。也就是说，以学习者为中心，以学生为主体，经由网络技术真的逐渐成了现实。这就是我们一直孜孜以求的教育理想。但当这样的理想在一个早晨降临大地的时候，传统的学校、教学、课堂的概念都将随着这样的技术进步和网络世界迎受巨大的挑战，一个孩子今后还需不需要像今天这样在学校课堂上"正襟危坐"？还需不需要各科教师在课堂上正儿八经地"面授机宜"？信手拈来的"知识"、少有含金量的"方法"，还需要教师的帮助吗？再说，当学生在网络的汪洋大海中随意点击，获取到世界一流教师教学的微视频，真正得到了教学"圣手""仙人"的指点迷津，今天在课堂里盛气凌人、自以为是，实际只是做着机械的应试劳动的大量的比较平庸的教师们，还怎么面对学生？怎么应对孩子们无限制无限度的几乎是天量的"问题"和质疑？正如同很多老师经常抱怨"现在的书真是没法教了"，问其究竟，乃因为，随着出版业的放开和自媒体时代的到来，学生、家长掌控的教学资源几乎可以与教师等量齐观，学生可以同样购买到与教师一模一样的教学指导用书和教学辅助用书。"秘籍"不"秘"，教师自然难以在学生面前称"绝"！

从历史发展的规律看，技术革命的潮流从来势不可挡，无以逆转。它对于生活和人生的改变，对于社会和世界的改变，已不是有无和可否的问题，只是多少和快慢的差异。互联网、物联网对于教育教学的冲击无法估量，那么，学校和家庭如今所采取的教育孩子的种种方式、这种教育所培养出来的孩子，与孩子所必将生活的未来社会又有什么关联呢？

三

现在看来，在汹涌澎湃的技术革命、社会转型、教育改革等的浪潮中，我国的基础教育、教学模式和方式、学校和家庭对于教育变革的认识和理解，都还处在相当"原始"的状态和阶段。

这存在着相当大的潜在危险和威胁。而且，从现实看，解决问题的思路、策略、节奏和速度也是存在着巨大问题的。

纵观最近20年的教育改革的"步履"，不论是轰轰烈烈的第八次课改，还是各地零打碎敲的高考模式改革试点，其结果和效果基本是令人失望的。之所以如此说，是因为有一个检测的指标：这样的"改革"对于教育应试状况有无改善，对于人才成长的环境有无改善。假如一种改革带来的是如文章开头所述的学生还是如古人那样"三更灯火五更鸡"却又不如古人，只会做题学习的结局，妄言其成功，岂不瞪着眼睛说瞎话？

我以为，中国基础教育改革的问题，尤其是20余年间累积起来的应试的巨大的冰山，要撼动和融化它，早已非一人一地之力、零打碎敲之策所能改变的。"精准"的变革，必须综合施治，必须在精心规划的"顶层设计"之下，以10年、20年的"常规战争"的耐心和"啃硬骨头"的洪荒之力才能实现。从这一意义而言，指望"核心素养"这样的细节功夫来改造教育教学，极有可能遭遇如第八次课改一样的一地鸡毛般的结果。

也有可喜的消息，这是 2017 年新年伊始关于教育最为令人振奋的信息。1 月 20 日，在教育部召开民主党派教育工作座谈会上，教育部长陈宝生在谈到未来教育改革问题时说："稳中求进、狠抓落实是新一年教育工作的两个基点，要变改革的单项突破为系统性、全面性变革，重心下沉、形成系统、抓好落实。""系统"和"全面"两词我以为切中了这许多年教育改革成效不彰的症结。

那么，究竟如何在未来教育转型、改革中贯彻"系统"和"全面"的思想、原则呢？我以为，在高位、高屋建瓴的顶层设计之外，还是要抓关键，抓要害。基础教育的关键和要害究竟是什么呢？

教师，教师，还是教师！

本世纪初叶，第八次课改强势推出之时，教育部考察团出访美国教育部，当得知中国正在推进课程改革并以"建构主义理论"作为指导思想时，美国教育部一位高官在"外交辞令"式的称赏之后，友情提醒：上个世纪80 年代，美国也进行过一次规模宏大的课程改革，也是以"建构主义"作为理论基础，不幸得很，最终失败了。但这次失败给我们很重要的警醒，那就是，教育领域的改革不可能毕其功于一役，教育领域尤其是教学层面的变革必须以教师素质的提升为前提，教育的改变必须从教师改变做起。

这段话对当下我国教育的改革仍有启示。当十余年教育现代化建设已经卓具成效时，学校内涵建设已经被提升为各级各类部门的重要议事日程，其中的关键之点，就在教师。教育部以下，直到学校，对于教师于教育的价值意义的认识越来越充分，教师培养培训的投入越来越到位，全社会基本达成了"教师即教育"的共识。但问题的关键是，当下及未来的教师究竟应该成为什么样的人？教师应该如何发展？这些问题还需要进一步分辨和厘清。

四

科技革命、网络技术、社会转型、学习者中心，如此背景下，传统的以"传道受业解惑"为己任的教师，其功能价值、技能素养等，也都将相应变化和调整。人文综合素质、现代教学素养、理性个性精神、学习发展能力，应该成为未来教师发展的重点。

"人文品德素质"，是就教师的综合素养而言的。如果我们认可韩愈所言的"传道"，现代师范教育所遵循的"学高为师，身正为范"，中央所确定的教育使命"立德树人"，那么对教师提出较高和崇高的道德、人文高格都是可以理解的。最为重要的问题是，"文革"结束后，市场大潮席卷，精神崩塌之后的利益追逐，使得"转型期"的社会物欲横流，人心不古。覆巢之下，教师队伍也难以幸免。部分教师无敬畏，少底线，不尽责，心不在焉，众所周知的教育道德失范现象时时处处不断上演，几乎已成不可逆之势。不仅如此，这一类教师一旦走进课堂，一旦上起"班会课"，还得一本正经、道貌岸然地讲德性，论高尚，夸无私。这就不是一般的道德失范问题，而是远远越出了"求真守真"的教育底线了。这种教育，如果任由其泛滥，将是"伪教育"的发端；如果不改变，将是中国教育的灾难。只要教育"树人"之初心不改，那教育工作者崇尚"人文"、进修"道德"的征程就永无止境。因为这是从教者无从替代的教育资本、资格和资质。

"现代教学素养"，是相对于传统而言的。"教学素养"是教师专业的核心元素，这也是教师区别于其他职业的关键之点。教学素养的基础和前提是"学科素养"，也就是教师所教学科的专业知识和能力，常常被我们誉为"功底"或者"童子功"的东西。所谓"教学"，就本质而言，就是教师将自己具有的"学科素养"通过种种努力转化为学生的"素养"。就此而言，教师自己有"一桶水"的学科素养才可能给予学生丰富优质的学科素养。考量现实教师的现状，具备如此丰厚素养的教师比例不是越来越高，而是越来越少。不仅如此，教学素养还需要大量的技术、工具和方法的支持。当下最为重要的是网络技术平台和相关工具的运用成为教师教学素养的基本元素。这就决定了任何教师都必须及时更新理念，掌握技术，顺利实现教学策略和方法的转型。尤为重要的是，当现代社会、网络"互联"和"物联"、"学习者中心"成为必然和自然，教师教学素养的内涵也在更新，"引领、指导、示范"和"策划、组织、激发"等，超越一般的"受业解惑"，成为针对网上"先学"后的学生"教学"的主要功能和价值，于是，教师再也不是传统的教给学生知识的教师，而是教学生如何学习的教师。那些仅仅擅长知识传授、技能训练的"机械工程师"一般的教师，在借助网络、微课程和海量资源支持的"翻转课堂"的现代教育情境中，终将遭遇被淘汰的厄运。

"理性个性精神"，一向是我国教育工作者极为稀缺的特质。教育的太过"一统"的管理体制和太重"全面"的发展机制，教学的分数应试和一元评价模式，历史渊源和社会文化环境以及代代教师的层递传承，几乎顺理成章、不露痕迹地引致教师个性的自然缺失。而实践者自身的实践"局域"，繁杂的教学事务和如山的竞争压力导致的视野偏狭和思维屏障，以及这许多年来少量理论家的话语霸权扩张，使得广大教师理性思维不彰或者逐渐萎缩。于是，下列"怪相"的常见就不奇怪了：一种理论、一种思想，一旦被引入，被权威宣讲，就成为铁律，就成为几乎所有教育人追捧的对象；一个专家的教育观点，一种被媒体宣传的经验模式，就成为校长、学校、教师竞相效仿的目标；很多校长和教师，总因为不能夸夸言说理论，而在面对理论家和学者时，自觉低矮三分，自觉理不直、气不壮。课改之后，广大教师、校长个性迷失、自信心不足、思维理性不强，成为制约教学和学校发展的主要因素。当"核心素养"成为未来课改深化的重要"抓手"，当理性、个性、实践、创新等成为学生发展的重要元素，当学校转型以及学生培养和发展目标、方式的转型成为当务之急，如此状态的教师队伍又如何应对、担当和胜任呢？

"学习发展能力"，这本不是问题，教师是教人学习发展的；自身不学习、不发展，又何以教人？但今天的教育现实恰恰与之逆理悖行。不想学习，不会发展，拒斥培训，抗议"被教育"，在某些区域成为常态。从客观上讲，教育的应试早已演化为赤裸裸的分数和升学率的"常规战争"，学校与学校、校长与校长之间的比拼实际就是教师之间的比拼，各种各样假以质量提升美名的应试奇招和教学管理绝技已经让教师的教学生活，与学生的学习生活一样无诗性无情趣，几乎"暗无天日"；而教育行政和非教育行政对于学校管控的失常、无序和越来越多的非理性，导致教师工作混杂、忙乱，对教学游离和疏远，教师少有可以自由支配的时空；教育的应试虽然带给教师永无止境的分数比拼的压力，但很难形成教师对于新知追求的推动，因为无论怎样的测试，只要框定了知识点和能力点，就标志着范围和难度的规定性和稳定性，也就决定了其技术突破和从容应对的可能。于是，就一般教师而言，可能只需要在应试的技巧和策略上做一些揣摩和研究，至于专业和素质，人文和道德，跟分数比拼的教学没有什么大关系，就不那么迫切了。而且职称评审之类原本可以引导教师专业发展的"利器"，由于标准异化，仅仅关注课题、论文的数量和发表级别，而这又因"枪手"、期刊的"合力"作为，迅速演变为商业市场的经营行为，于是"金钱可以搞掂一切"的法则，一无阻隔地让本应"神圣"的职称注水，教师发展的"专业"和期望无限"打折"。当然，现实中，对教师发展发挥着引领、激发作用的"培训"，也因为个别以营利为主要目的培训机构的敷衍失责和非专业操作，让教师们乘兴而来，扫兴而归。

尽管如上所述的问题普遍存在，大量的客观因素包括行政官员和校长对于教师发展的认识不足和偏见犹存，严重影响和制约着教师发展和教师队伍建设，但我们也仍然看到，各地依然有许多优秀者艰苦拼搏、奋发图强，经数十年苦行而不辍，终成一代名师。

<h2 style="text-align:center">五</h2>

教师发展中的问题需要教师通过自学、研究、进修等方式来解决，教师发展需要教师的自身励志，社会各界尤其是教育内部齐心协力，尤其是管其所该管，放其所应放，矫偏救失，彻改教育生态，使教师工作有余暇，心灵有自由，内外因合力，专业就成为核心，发展就成为自然和必然。这也是近年来"培训"工作显得越发重要且上下高度重视的缘由。

本文完稿时，正读到教育部教师工作司 2017 年工作要点，其中，"强化师德师风建设，提升师范教育质量，增强教师培训实效，抓好乡村教师工作"被重点提及，其间所体现出来的关于教师队伍建设的"全面观""系统观"与教育部主要领导人所提出的未来教育改革的"顶层设计"可谓一脉相承、一以贯之。而更为可喜的是，据悉，2017年年中，中共中央将召开指向教师队伍建设的工作大会，届时，将出台专门指向教师尤其是农村教师发展的一批文件，有专家预测，2017年将成为"中国教师发展年"。

古诗云："云霞出海曙，梅柳渡江春。"教育改革如"云霞"已经"出海"，教师发展像"梅柳"正在"渡江"，有此前提，可以说，中国教育转型的"曙光"必将普照，转型教育的"春天"必将山花烂漫。

师德　知能　思维

——谈未来教师的基本素养问题

　　这许多年来，课堂成为广为诟病的焦点。自从经济学的"效率"概念被引入，一些教师和所谓的"专家"早已对其不断升级：有效、高效、优效。表述虽然不科学也不靠谱，但对照极端应试的极端功利，似乎也能自圆其说。以分数为唯一考量指标的"应试教学"课堂，正好像追逐利益最大化的"市场"，不"应市"，不讲求效率，又如何有生命呢？于是，这样的功利实用到极点的课堂教学，正好像常人之于极端的商业化环境，之于唯利是图、不顾一切的商家，学生不喜欢，教师不喜欢，便顺理成章，理所当然。但也就是在这样的教育应试的浓烈氛围中，还是有教师有坚守，有功力，有情怀和境界，在有效促进了学生智力水平和应试能力提升的同时，仍然在思维和理性、能力和素养，特别是德性和人文情怀的层面给学生以充分的引领和教导，并以此赢得学生的敬爱和尊崇。

　　这是一个很值得研究的现象。正好像当下之市场化，不少人在这样的逐利过程中，逐利环境里，逐利思维和行动中，早已消磨了精神，迷失了自我，但还是有一些绝顶卓越者，坚守良知，听从内心，或成为儒商，或成为富于家国情怀的大慈善家。

　　这不由人不深思教师和教师工作的价值问题。教师的职责是教书育人，教好课是教师的天职，是教师的立足之本，是影响教师威信的最重要因素。教师要树立新的教育观、人才观、学生观，把学生塑造成为德才兼备的开拓者和创造性人才。一般而言，教书是指向学生传授系统的文化科学知识，培养学生的科学文化素质，发展学生的潜能。育人是指教师通过教学活动和师生相互作用的过程以及教师的行为，对学生进行显性的或潜在的政治、思想和道德教育，促进学生的全面发展。

要实现这样的职责和价值，作为教育主体的教师又需要哪些基本的素养呢？

在我看来，教师最为重要的素养是教学素养和教育素养。与"教书"的职责相关联，体现为教师专业特点的是教学素养，即按照学科知能特点和学生认知规律，采取合适的手段和方法教给学生学科知识和能力的素养。对于教师而言，这样的教学素养的高低优劣取决于两个元素。一个是教师具有的所教学科的知识情况，这里的知识包含能力因素。比如数学教师的数学知识、物理教师的物理知识、语文教师的语文知识等；比如语文教师的语文知识就包括一般的基本知识和基本能力，这能力就有阅读、写作等诸多能力。一个是教师依据学科知识特点和学生学习本学科知识的特点，组织实施教学以及语言表达、学习进修和进行教学研究的能力。这后者一般被认为是教师之为教师的关键，这一能力被作为教师教学水平的决定因素。教学素养实际是教师专业之所以成为专业的关键元素，一言以蔽之，"教"的能力，是所谓"教师专业"之"专业"区别于其他职业的标志。

所谓"教育素养"，是指教师为了实现育人目标所应该具有的集中体现为人文道德知识、能力、行为并指引被教育对象向善、求真和审美的能力，主要包括道德素养和心理素养。

道德素养，是教师职业的特殊性要求，尽管作为公民和社会成员，都强调道德力量和道德精神，但包括公务员和医卫工作者在内的国家公职人员，与教师相比，在道德问题上有着不同的标准，教师的道德要求应该远远高于一般公职人员。多年前，我就曾经在很多场合反复强调教师就不是一般的"人"，对于教师仅仅要求其守住道德底线是远远不够的，广大教育工作者就是应该不断提高道德的底线，这应该成为每一位教育工作者一辈子的不懈追求。道理非常简单，因为我们面对的、服务的对象是"孩子"，不是医生和公务人员面对的成人。孩子与教师之间永远都不可能对等和公平，在这方面，尽管不断有名义上的强调，但从无实质性的兑现；面对可能的暴力，包括语言暴力和武力暴力，学生几乎无以反抗。于是从保护孩子尊严和安全的角度，我们对教师道德提出高要求，实际是保护我们子女和我们自己。就教师道德而言，它包括四种道德，一是对待教育事业的道德——热爱教育；二是对待学生的道德——热爱学生；三是对待自己的道德——严于律己，以身作则，为人师表；四是对待教师集体的道德——团结同事，集体协作。在这四类道德中，最为核心的是对待学生的道德，这是所有道德的核心。

教师的心理素养，具体表现为具有广泛的兴趣、愉快的心情、坚强的意志、良好的性格以及自我调控能力。对于教师心理素养的强调，正是基于教师担当着培养全人的重任，而未来公民的内心强大、心理健康、情绪稳定等涉及心理的诸多性格品质精神等迫切需要教师用自己的优质的心理素养来加以引领、指导和发展。实际上，现实中的不少教师，由于种种因素，特别是生活生存的压力、教育应试绩效超乎寻常的压力，导致情绪、情感乃至心理失衡，直至出现心理亚健康甚或心理疾病的情况。这是教师队伍建设过程中出现的新情况、新问题。尽管近年来，中共中央、国务院文件进一步明确了教师的政治地位、经济待遇，但是长期的应试重压以及由此延伸出来的严重违背教育规律的应试绩效考核依然如大山一样压得广大教师难以深呼吸、长舒气。这一问题迫切需要花大力气、动大手术予以解决。

这是就一般意义而言。教师的基本素养问题实际并不是一个孤立的存在，它总是与一定的时代、社会发展的阶段和状态相关联，与一定的社会、时代对于教师价值、功能的要求相一致，比如农耕时代、工业革命时代的早期，知识和科技的大厦还没完全建构起来，流通还不很频繁，交际交往还很不广泛，那时的教师主要的功能便只是如韩愈先生《师说》中所言"传道受业解惑"。紧承这样的价值，教师的基本素养就一定少不了知识资源的尽可能占有、知识的丰富广博、学问高深等因素。记得上世纪70年代恢复高考后我走进大学读中文系，我的一位老师就说："未来大家都要做教师，做教师最为重要的是什么呢？就是占有书籍，占有书籍就是占有知识。"当时并未深究其中的道理。只是觉得先生之言，从来近乎真理。于是，从大学时代开始，买书成了我们这代人的习惯，这习惯甚至延续到今天。

但是，今天不是古代，未来不是昨天，教师的功能价值，在有些恒定不变的内容之外，自会有许多与时俱进的改变和增加。

道德素养修炼是教师发展永恒的主题

无论社会时代发生了怎样的变化，道德素养依然是教师最为核心的素养。首先看政治、社会领域。这许多年来，随着时代社会的变革，特别是伴着市场化的步伐，世道人心发生了许多变化。传统失落，人心不古，利益至上，效益为先。教育自难以超越社会时代而"独完"，应试之风愈演愈烈，家教市场越做越大，分数、应试、升学，成为学生、家长和社会对于教育的全部理解和追求，这严重损伤了教育的品质，扭曲了教育的价值，并进而绑架了学校和整个教育。由此引发的学校问题特别是师德师风问题早已引起高层的关注。2013年，党的十八届三中全会通过了《中共中央关于全面深化改革若干重大问题的决定》，旗帜鲜明地提出教育"立德树人"的口号，习近平总书记其后在多种场合对教师、好教师、教师队伍建设等提出了许多重要的理念和意见。其中，"有理想信念，有道德情操，有扎实知识，有仁爱之心"的"四有"好教师标准，引发广泛的热议并已形成广泛的共识。2018年5月2日与北大师生座谈时，习总书记又强调："高素质教师队伍是由一个一个好老师组成的，也是由一个一个好老师带出来的。"要坚持教育者先受教育，让教师更好地担当起学生健康成长指导者和引路人的责任。评价教师队伍素质的第一标准应该是师德师风。师德风建设应该是每一所学校常抓不懈的工作，既要有严格的制度规定，也要有日常的教育督导。我们的教师队伍师德师风总体是好的，绝大多数教师都敬重学问、关爱学生、严于律己、为人师表，受到学生的尊敬和爱戴。同时，也要看到教师队伍中存在的一些问题。对出现的问题，我们要高度重视，认真解决。要引导教师把教书育人和自我修养结合起来，做到以德立身、以德立学、以德施教。总书记的讲话中，充满殷殷期盼之意，饱含一腔关爱深情。未来，教师最为重要的工作就应该在以德立身、以德立学、以德施教方面作出积极的努力和不懈的追求。这也是由学校德育工作、学生道德养成的规律决定的。与智育有别，德育工作是一项极为特殊的教育工作。学科知识，书本知识，生活技能，言说和交际能力，是可以通过言传也即是"教"包括讲、说等方式实现的。但道德的养成则不然。区别于知识的"教"，道德之"育"，是需要育人者的虔诚耐心、全身心投入的，尤其需要身体力行、率先垂范，也就是说，摒弃说教，做给被育的人看，是"育"的最为本质的特征。梅贻琦说："学校犹水也，师生犹鱼也，其行动犹游泳也，大鱼前导，小鱼尾游，是从游也，从游既久，其濡染观摩之效自不求而至，不为而成。"如今的德育工作者中，不乏德行高尚者，给孩子以终身的教益和影响，不仅是经师，而且是人师。但是我们也看到许多异常，一个热衷"家教"者，可以给学生谈无私奉献的崇高；一个行为不检点者，可以要求学生如何循规蹈矩；缺少责任感的，却要求学生学习和工作心无旁骛。指望这样的老师培育学生的道德，那还不是缘木求鱼？这也正是学校德育工作成效不彰的症结之所在。

一段时间以来，人们，包括教育工作者对于"立德树人"的理解，有部分偏狭。我听过或者查阅过国内多位专家和行政官员的演讲报告，凡涉及这一概念的几乎无一例外都是将"立德"与"树人"的重心确定为教育的对象——学生。"树人"自是培养造就学生，但立德是不是主要就学生而言的呢？有一篇文章写道："立德树人，既是一个永恒的主题，也是一个时代的主题。说它是一个永恒的主题，因为树人是教育的根本，只有立德，才能成人；只有在'以人为本'的时代，教育才能回归人。"文章所言并没有错，但将中央文件所言的"立德树人"问题简单地理解为"学生"

问题，显然有失偏颇，从上述习总书记的多次讲话中我们就可以知道，"立德"问题首先应该是指向教师、教育工作者的。如今教育问题的关键，不在于有没有对于学生教之以德，而在于树人者、育人者自身的德行如何，有没有首先修身立德。理论界的认识和判断模糊，恰恰是教育实践领域特别是实践主体自身道德问题的集中反映。由此而言，教师的道德素养的修炼，已然是未来教师成长和发展的最为重要的必修课。

学科知能在未来教育中显得越来越重要

我们再来看科技进步对于社会生活和教育生活的影响。这一问题要分两个部分来说。

先说第一部分：互联网对于教育的改变。由于互联网功能的不断延伸和不断增强，今天究竟还有多少"知识"和"信息"需要第三方"转告"？无限平台、海量资源、极速传输（获取）和借助现代科技的数据处理方式，几乎可以真正实现"秀才不出门"，仍然能"尽知天下事"甚至尽知天下人所难知和不知之事。几乎可以这样说，伟大如孔子，在网络时代，面对一个识字且善用电脑网络的孩子，他也会自叹不如！有一个特别有意思的现象，在信息闭塞时期极为普遍的"小道消息"现象，在今天几乎荡然无存。现实中学生和社会成员手机片刻不离手；公共场所，90%的人总是处于手机阅读状态；家庭和社区乃至一般的公共场所，电脑和网络几乎是基本的"标配"。对于小学高年级以上的学生而言，纯粹介绍和讲解知识点的课堂里，教师已经少有手段和方法吸引学生的注意力。这也正是当下大量的中小学教师甚至大学教师面临的尴尬和艰难。传统的信息发布、知识介绍、一般意义的面上的知能和技能教学，在课堂中很难吊起学生的胃口。一句话，只要学生能通过电脑和网络搜索到的内容，只要学生具备基本的阅读能力，他们就很少有耐心长时间听他人的"讲解"，包括教师，包括课堂教学。所以在很多课堂上，你会不时听到教师的提醒和警告：同学们，请集中注意力，这一个知识点很重要，大家一定得掌握牢靠，这是中（高）考必考的！言之郑重，言之恳切，但其中的无奈和无助，也是显而易见的。

这就表明，几乎无所不能的网络正在以惊人的速度改变实体学校中的教学和学习。你会发现，电脑和手机越来越成为学习和教育资源的载体，具有越来越多越来越成熟的学习工具的功能。是不是可以说，如今，只要拥有电脑，任何一个家庭和社区都可以是学校？是不是可以说，传统的"讲"和"说"也即是一般意义上的教师的"教"的功能很多已经或者正在被互联网颠覆和取代？

正因为如此，在今天欧洲的不少国家，孩子在学校接受课堂"教学"的"机会"越来越少，孩子自己学习或者自己开展活动的机会越来越多。有消息说，芬兰的部分学校正在试点学生每周到学校 2.5 天学习制。

假想一下，未来有一天，当学生们在家里或者在任何可以独立学习的地方，学习完了自己设定或者教师规定的各门学科的知识，汇集到传统意义上的教室，一个教师还可以像当初一样，按照精心设计好的教案，一板一眼地实施教学吗？显然不能。带着通过包括网络等各种可能的路径、工具和方法自学而产生的千奇百怪的问题和疑惑，孩子们最需要的不是有条不紊的知识讲解、任务完成，而是教师对他们各自的极具个性化的问题和困难的指导、帮助和解决。

于是，学科素养的卓越，就成为未来教师专业发展的最为重要的目标。近两年来，因为给几位语文教育硕士上课，我安排他们到南京的几所高中听两位作家型语文教师上课。我想研究作家型语文教师和一般的语文教师究竟有什么不同。硕士生结合课堂中学生的反应状况、自己的现场感受直言，作家型语文教师最为突出的特点就是具有丰厚的文学功底、文化素养和语文知能。这应该是最为学生所欢迎，也应该是现代乃至未来语文教师最为重要的特质。

思维品质将成为未来教师的最重要的特质

再说第二部分：人工智能对于教育的改变。这许多年来，网络与人工智能的联姻，使得人类的生活方式一夜之间发生了翻天覆地的变化。20年前，你能想象手机有今天如此强大的功能吗？拨出一个号码，可以跟万里之外的友人通话、视频。这不是神话和科幻中的想象？现实中，一个两三岁的孩子，居然能够避开父母的监控，将父母的手机或者 iPad 玩得娴熟异常，随心所欲地找到自己所喜欢的动画片。而一个街头贩卖西瓜的六七十岁的大妈，也可以挂出"敬请微信支付"的招牌，让我们这些所谓的高知也会汗颜。岂止如此，无人驾驶汽车、微创技术、人工智能医生，以及融合了各种"智能"技术的各类工具，正在一步步逐渐取代人类，而且比人类传统的服务更为精致，更为到位，也更为安全。那么，有几个问题不能不提到我们教育工作者面前，值得我们深度思考。比如，现代工具的操作和使用究竟需要怎样的知识基础和条件？经历数千年文明建构起来的科学大厦，各门学科和科学的知识系统、体系，真的牢不可破、坚不可摧？一个孩子真的需要经历 12 年乃至更长时间的学校学习、训练和培养才能适应未来社会的生存和发展？

当有专家预言，最迟到 2045 年前后，人工智能将全面拥有人类智能甚或全面超越人类智能；而且还有一位美国麻省理工学院的教授预言，人类不是进化的最后的物种。这样的表达何其危言耸听，不禁让人毛骨悚然。但我们更多地需要从这些"危言"中获得警醒，寻找人类命运更好的方向和出路。比如当可能的如此的挑战即将来临的时候，我们人类究竟可以做些什么？比如教育，决定人类命运的基础性也是关键性元素，我们可以在传统和现实已成的定势中融入怎样的因子，作出怎样的改变？

要研讨这些问题，其出发点必须落在人工智能身上。那就是，未来挑战人类、与人类并存的人工智能，未来新型"物种"，其"智能"究竟从何而来？试想，人类将二氧化硅制成晶片，再由晶片组合成集成电路，进而借助科学的工具和手段，写入程序和思路，这些全靠人类管控的"技术活"，怎么就造就出一类敢于挑战人类权威的"忘恩负义"之徒的呢？

原来，人工智能尤其是新一代人工智能，早已不可以用简单的"电脑"思维来理解。人工智能的"学习"，如今几乎可以说，已经初步实现了对于人类学习的超越。它的学习越来越呈现出三大特点：一是"跨界"。成功打败围棋九段高手的机器人"阿尔法狗"，绝不仅仅学习了围棋的技术和艺术，它一定学习了各类棋类博弈的技术，甚至各类体育竞技项目的技术和艺术。二是"整合"。各类技术、策略和方法获取之后，人工智能的"智能"系统自身就会自动开始梳理分类，融会贯通。三是"增值"。在此基础上，通过思维的突破和跨越，实现新的创造。

试想，当人机并存，我们人类如何与思维方式和创新能力超常的这样一群"类人"抗衡？就教育而言，就教育主体的教师而言，要教育和培养出可以抗衡未来人工智能的未来学生，就必须致力于学生思维力、思维品质的培养。而要培养出学生的思维力、思维品质，首先我们自身得具有卓越的思维。

在即将开启的新一轮高中教育教学改革中，首提"核心素养"，并将此作为引领和调控未来教育发展尤其是学生发展的目标系统。而其中，"科学精神"就是最为重要的一个版块。科学精神又内涵"理性思维""批判质疑"和"勇于探究"三项内容。我以为这正是瞄准了科技高速发展的未来世界人类面临的最大挑战而作出的"制度性"安排。

这是现实和未来带给我国教师最大的挑战，所以如此说，就因为这恰恰是我们的最大的短板。

教育现实，现实教育和未来教育，对教师的要求很多很多，而从基本面而言，师德、学科知能、思维力可能是最为关键的三类素养。它们从何而来？我想，还是得从行政推动、专业引领和发展主体的教师的主动求进而来。

深味学校元素

思维力培养：前人工智能时代的教育抉择

从第一台计算机问世，到互联网构建，再到当下风靡中国乃至世界的"互联网＋"，经历了才多少年的时间；而其对世界和社会乃至人类生态的改变，可谓迅猛异常，令人措手不及。电脑功能越来越强大，几乎无所不能；网络覆盖领域越来越广大，几乎无所不包。不仅如此，当下，基于计算机和互联网技术的"人工智能"开发又开始加速发力，就我国而言，已经从开始时的科研机构的"单挑独斗"，进入国家战略层面，进入组团作战、合力攻关、奋勇创先的冲刺"快车道"。我想"人工智能"机器人的发展，将成为继计算机、互联网之后，人类社会发展史上最为重大也是最为重要的事件。60 年前，一批美国青年科学家预测，人不过是肉做的机器，未来人工智能也会思考，终有一天，人工智能将会超过甚或全面超过人类智能，人类世界将会"人机并存"。现在看，这些预测大多实现或者正在实现。最近几年，有科学家正在亲身试验"物联"，试图将电脑与人脑相连；有专家大胆预测，人工智能将在 2045 年超越人类智能。（英国的库兹维尔）更有甚者，有人说，人类不是进化的最终的物种。（麻省理工学院教授波吉奥）正因为这与电脑、网络伴生的"人工智能"，来势汹汹，无所阻挡，才有国务院从国家战略层面，专门发布文件，全面推进"人工智能开发"。

是不是可以这样说，我们正逐渐进入"前人工智能"或者"准人机并存"时代？假如这样的说法成立，那么，这对人类世界将会产生怎样的影响？而教育、学校、课堂这些支撑人类素质成长的领域，应该如何"改变"以应对？

我们先看看计算机、互联网及人工智能给人类生活带来哪些冲击和改变。

计算机初期改变的是计算的速度，快捷、简便是其主要特点。电脑则由纯粹的计算扩展到"资源"的存贮和供给，通过筛选、查找、集成、传输，给生活以极大的便捷。互联网，则将前者原本就有的海量、快捷、简便等特点，提升到更高的层次，放大到无限的空间。"云平台""云空间""云计算"等概念，是对这些特点的最好的说明。人工智能，顾名思义，改变的是人类有思维以来的思维方式。它获取知识的路径、形成智能的工具以及运用思维解决问题的形态，既为人类所设计并实施，却又超越人类，令人类望尘莫及。所以，2016 年，"阿尔法狗"智能机器人竟然在韩国战胜围棋九段高手李世石；2017 年 6 月，成都高考机器人 AI-MATHS 挑战高考数学科目，用时 22 分钟，获得 105 分。面对"生猛"的人工智能发展态势，在 2017 年 4 月 27 日由长城会在京主办的全球移动互联网大会（GMIC）上，美国卡内基梅隆大学计算机科学学院机器学习系主任汤姆·米切尔（Tom Mitchell）作了"突破人类与机器的壁垒"的主题演讲。他认为，脑科学和人工智能在过去几十年都有了巨大的发展，现在是打破它们之间界限的时候了，未来将加快发展出更具有人类能力的人工智能，我们对大脑的理解也将会更加计算机化。

人工智能"更加具有人类能力"，我们好理解；而人类大脑"更加计算机化"，带给我们无限的想象。

由此，我们来想象未来的教育。

未来教育可能应更加重视思维力的培养。假如说计算机也是思维的变革，带来的是体量、速度和便捷，那还毕竟是人类智能的延伸；人工智能则是思维的革命，它更多体现为创造和变异，而这种创造和变异又是建基于海量资源、科学筛选、超速计算、无限快捷的。这些特点，是主要靠苦学、积累、循序渐进的学习方式所无法望其项背的，这是对于人类智能的巨大的发展和超越。在未来的关于人类智能与人工智能的竞赛场上，人类要想领先，人类教育必须在思维领域作出重大的突破。在具备必要的知识能力的基础上，要发展个性，激励创新，其中，求异、质疑、探索、理性和逻辑，应该成为教育的主题词和关键词；与此同时，敏感、迅捷，必须在思维能力训练和培养的过程中，一以贯之，不懈追求。其中，最为重要和关键的是"新异"。这种思维的"独特、怪异、新奇"，可以大大弥补人类思维相比于机器人速度不快之"短板"。

在这一问题上，对当下我国教育重视基础知识，强化知能训练的教育导向，需要进一步研究和反思。这曾经令国人自豪的基础教育优势可能随着人工智能时代的降临，迅速变成劣势。因为知识的超量和能力训练的超强，并不必然产生"新异"之思维。不少研究成果一再表明，这两者之间不存在因果关系，并非正相关。而且，即便两者间有因果，有正相关，这种学习和训练的慢节奏、超强度，又如何能与人工智能相比于"万一"呢？也许一个简单的信息传输，一个小小的芯片植入，机器人立马生龙活虎，神勇异常，聪明过人。这带给我们对于现实教育"应试"的白热化、训练的机械化、思维的边缘化等深深的忧虑和反思。

拜"信息技术革命"的伟力所赐，也加上人类"智能"自身的进步，世界已经进入"学习者中心"时代。家用电脑和网络在今天的中国和世界，几乎弗远不届；学习型社区建设，也已经遍地开花。工具、资源、自身能力都决定了大量的原本学校"垄断""独享"的教育元素，今天已成为"稀松平常"、司空见惯的社会形态。所以，有消息说，今天的芬兰等发达国家和地区，学生在校学习时间开始逐渐减少和缩短。这就让学校教育中"班级组织"学习所难以避免的排斥、压抑学生个性的缺陷大为改观，同时也迫使传统的以灌输知识、强化训练为主体的课堂教学模式必须改革。因为在家庭或者社区，通过"翻转教学"在内的网络和多种工具自主学习后的孩子，一旦来到学校，老师与之进行"线下"也即课堂教学时，传统的教学模式和方法都将难以实施，老师想"大言说教"，没门；想灌输知识，没机会；想强化训练，也没空间。因为仅是孩子们在家中"线上"学习中产生的问题、困惑、难点，老师要想立马在课堂里通过引领、帮助、指导予以解决，常常会弄得八面受敌，黔驴技穷，疲惫不堪。但恰恰是这样的学校，这样的教育，这样的课堂，这样的交流研讨，可能才真正是培养孩子思维的教育。学校教育的这一变革趋势，预示着，"现代化"和技术革命，新工具和手段的大量出现和被使用，可以深刻地影响社会和生活，更将倒逼教育特别是学校教育的变革。可以想象，其辐射面将越来越大，速度将越来越快。

未来教育应更加重视工具创造和使用能力的培养。我们都熟知"劳动创造人"的道理，劳动，离不开工具。实际上，无论是计算机、电脑、网络还是人工智能，可以说都是成功运用现代工具而有的成果。要特别强调的是，无论工具的使用还是创造，虽然都需要知识和能力的基础，但也绝不是"多多益善"。一个两三岁的懵懂无知的孩童，可以将手机等现代工具使用得异常顺溜；一个没有多少数学概念的农村大娘也可以轻松地进行微信支付。当机器人已经可以成功借鉴人类智能并将其运用得出神入化，"青胜于蓝"，当人类已经开始设想借鉴学习人工智能的学习方式来提升自身的学习质量和效率，提升自己的思维品质和速度，我们现实的学校教育还能安步当车，墨守成规，沉醉于应试、分数和升学的泥淖而不自觉不醒悟吗？

说白了，思维创新，实践创造，还是老话题，但关键是，这已经箭在弦上，迫在眉睫！

我们究竟需要什么样的办学理念？

办学理念之误读

课改之后，"理念"一时成为教育的热词。专家学者、普通教师几乎言必称之，否则似乎就是不懂课改，以致遭人白眼。曾"道听"得某一专家回答某高层领导"课改带给中国教育怎样的变化"的提问，堪称"绝妙好辞"：本次课改其他变化虽一时难见，但它毕竟改变了中国教师的话语表达方式。本人无从考证这一消息之真伪，但专家之言一定是大实话。我曾经说，如果今天让中国的教师参加有关教育问题的国际论坛，只要中国大陆的代表发过言，现场其他人肯定少有敢于置喙一二者。为什么？道理很简单，我们教师的"理念"，理论水平、概念、名词、术语的滔滔不绝，早已让那些只知道"埋头拉车"，不知道张口"炫""理"的老师惊愕不已，叹为观止。较之一般的教师，一校之长又尤为甚之。在公众场合，校长假如张口闭口不能"忽悠"出一两个办学理念、教育哲学、学校价值，还不被人笑掉大牙，几乎就立马被视为桃花源中人。

这种现象，我以为首先是一件好事。任何变革几乎都是从"换脑筋"、转理念开始的，理念从来都是行动的先导。我们分明看到，这许多年来，也正是在很多优秀的教育理念、理论——比如求真、向善、审美，比如求源、正身、明理等——的引领下，一大批优秀校长身体力行，沿着科学教育的道路扎实前行，在当下中国教育生态并不很健康的环境下，依然成就了一所所优秀的学校，进而成就了不少好教育和好学生。

但是，也有例外情况，有些人假借理念，玩弄概念，以为只要会说理念，只要会造理念，只要会炒理念，就是优秀的校长、优秀的学校，就是优秀的教育，将教育圣地搅成了混沌糊涂的"市场"。

比如说"为未来的人生（或者'人生多少年'）奠基"是曾经风行南北的教育价值理念。迄今不少学校仍然将其改头换面鎏金上墙。我没有研究一般校长和教师的看法，总是设想我是一个学生会怎么看。也曾问过一些孩子，不留心不知道的是多数，因为孩子如今对于学校中的口号普遍比较拒绝，几乎很少关心。知道和了解的似乎也不在意，几乎不往心里去。少数学生总是觉得如果想多了、入心了，活着压力很大，心很累。我的感觉属于后者。

不论是什么学段的孩子，无论是在学校还是在家里，他首先是一个"生活人"，其次才是"学习人"，这就好像我们说一个成人，他也首先是一个生活人，其次才是一个工作人。学习是学生生活的一部分，尽管很重要，但绝对不是他生活的全部。

学习尽管需要紧张和压力，但超过一定限度就会走向反面。因为学习是为了自身的成长和发展，个性保护和创新能力的发展是其中至为重要的方面。如果一心为了未来的生活生计着想，个性的发展必将忍痛牺牲，兴趣的培养也将不得不让位。从宏观和长远来看，一个人不考虑未来是不现实的，但是若作为校训写在墙上，挂在校长和班主任的嘴上，萦绕在每一个孩子的耳边，将成人世界的生活状态过于前置地展示并强化，又如何能够让孩子的心理、情绪和情感舒展、放松、愉悦起来呢？

往深层次说，这种理念还是难免太过功利的色彩。告诉孩子今天的学习必须为了未来的生活，并没有错，但如果以为今天的学习仅此一个目的，那就很值得商榷了。因为学习生活也是孩子们整个生命旅程的一部分，让生命中的重要一段——学生时代，活得快乐健康，丰富多彩，这也是学校和教育价值的一部分。所以每每读到上述或者类似上述表达的理念，我都会一阵惊悚，不禁想起学者资中筠的话：中国现在的教育，从幼儿园开始，传授的就是完全扼杀人的创造性和想象力的极端功利主义，如果中国的教育再不改变，中国的人种都会退化。

还有一句广为流传的口号："今天我以学校为荣，明天学校以我为荣。"这一理念本身并无问题，只是后一句话在一般孩子和家长基于现实的理解中会延伸出许多有违常态的猜想，而这样的猜想会激发出许多不当甚至是负面的东西。现实中学校一向是以什么样的学生为荣的呢？校长和教师口中炫耀的"杰出校友"主要是什么样的人呢？可能主要是两类人：在仕途上占位较高的，在商场上争利较多的。因为凡大小学校的校庆，抛头露脸的似乎总是这些人。至于默默无闻地在各行各业中甘守本分、默默奉献的，像工人、农民、教师、医生、普通公务员们，似乎一般是要被排除在外的。这似乎昭示了一点，这些人，应该至少不是本校引以为"荣"的人。假如占校友总数绝对多数的普通人不是母校引以为荣的对象，这样的学校是不是能够成为学生引以为荣的学校呢？这是值得我们每一个教育工作者深度思索的问题。这样的现实，给予孩子怎样的示范和影响呢？让孩子在"以我为荣"的口号下作出怎样的未来定位和选择呢？也许这一理念设计的初衷并不完全是这样的，但不能回避现实笼罩于其上的大而重的阴影。

再比如说"将孩子带到高速公路的入口处"是一条多年来相当流行的"理念"，虽形象生动，且乍一听来蛮有道理，但细细想来也是问题不少。关键是"带"字，似乎并不如何高明和先进。假如是幼儿园或者小学低年级的孩子，也许需要或者可以让你"带"着，但其他学段和年级的孩子，如果还要你"带"的话，那孩子的能力和素养何时才能自主"建构"起来呢？对他们而言，需要的是我们耳熟能详的、并不时髦的"指点"和"提示"。未经现代文明"化"过的山野也许十分需要山民的"向导"，公路交通已然发达的城乡可能只需你信手"遥指"或者提示问路人看路牌即可。

既然如此，是不是意味着"理念"是一个怪物，是一个令人谈之色变的东西呢？显然不是。

办学理念之正名

理念是一个旧的哲学概念，实际就是观念，按照康德的说法，是指"纯粹理性的概念"。理念就是理性化的想法、理性化的思维活动模式或者说理性化的看法和见解。它是客观事实的本质反映。

由此而言，教育理念，也就是我们对教育、教学等的看法，以及所持有的信念。对于教育的看法和认识，自然不是课程改革后才开始出现的。也许课程改革带来了一些新理念、新思想和新理论，但就教育而言，如此漫长的历史中，其积累的思想和经验要比新出现的东西多得多、厚得多。

不管如何，有一点是肯定的："理念""教育理念""办学理念"并不是了不得的新鲜的东西，并不是少数人炫示的专利，几乎所有的教育工作者都有或多或少的教育教学理念。因为在我看来，就学校教育而言，十余年来的课改催生的理念大致涉及比较宏观的教育理念（教育价值、教育意义、教育方针等）、比较中观的办学治校理念（学校文化、学校管理、校训等）和比较微观的学科教学理念（课程价值、教学模式、方法等）三类。一般人说到理念，大多指其大者，可能关乎教育的比较多，涉及教学的则比较少。而我却以为，真正影响具体的学生活动的，往往是教学的理念和思想。当然，教育理念一定有新旧之分，自然就有先进和落后之别。但因为掌握了一两个新的先进的教育理念就以为掌握了教育的话语权，占据了教育的制高点，就可以雄视天下，"理"压群雄，那肯定是无知和荒唐的。

一所学校没有教育理念和办学理念肯定是不行的，一位教师没有正确的教育教学理念，是难以有科学的教学行为的。但是教育教学理念又不是从天上掉下来的。实际上，任何校长、学校和教师在教育教学理念问题上，都不是白纸一张。传统教育思想和主张，早已深深扎根在我们心中，比如"教育就是改善和提升人的素质""教育就是引领被教育者追求真善美""教育就是尊重和保护学生的个性和创造"等。所以也许一所学校墙上没有挂上标志性的理念，校长也说不出多少关于理念的道道，但绝不意味着这所学校不是学校，也不意味着它一定是一所不好的学校。

办学理念之确立

从前文的举例剖析我们可以看出，办学理念的确立又不是一件可以随心所欲、猎艳求奇的事。仅靠语言的怪异以吸引眼球，造出的理念也许可以轰动于一时，但终究难以持久。而且稍有不慎，会立马影响学生的学习、生活和发展。所以，我认为任何一个校长、一所学校，包括教育行政部门的领导，可以允许在这一问题上的暂时的无所作为，因为即便真的如此，有大的教育方针在，有教师和学校的文化在，学生的学习并不会有什么大的了不得的影响；但绝对不可以在这一点上自以为是，随心所欲。假如有人无视教育规律，且唯我独尊，确立一条不很或者很不得体、确切的所谓"理念"，那造成的危害则是难以收拾的。

那么，在办学理念的"建构"上，我们应该怎样做呢？

一是遵循规律。对于理念，有人认为其实是把人们从个别事物中抽象而得的普遍概念加以绝对化，并把它说成是事物的原型，进而认为理念是永恒不变的。这是把理念视同为真理本身了。但现实中多数人所言的办学理念不是真正意义上的真理，谈不上合乎规律。基础教育阶段多数学校一味鼓励学生竞逐名校的行为隐含的"拼搏""抢夺""成王败寇"的丛林法则虽然因现实的功利逼迫有某些无奈和合情的因子，但绝不意味着其合理和科学，不意味着它是主流和方向。而诸如"坚、勤、毅""自由之思想，独立之精神""今日事，今日毕""做站直了的现代中国人""中国品质，国际视野"等则是谨遵规律，不仅在遥远的古代而且在可见的未来都是颠扑不破的。人的成长规律——把人当成人，育人规律——把学生当成立体、全面的人，学科教学的规律——以人为本、以学习者为主体，以及知能和素养养成的规律——循序渐进、因材施教，这些都是我们在提出和倡导任何教育理念时，不能有丝毫背离的。

二是坚信常识和理性的经验。现实教育，在文化建设特别是价值观确立方面，有一种求怪、求险的倾向，立意唯恐不高，表述唯恐不奇，前述各类所谓"理念"——假如这也是理念的话，就属于此列。这类理念，一般会一时轰动，流布广远。但如果我们就这些不可谓不新、不奇的东西，回想一下自己的学习经历和教育教学行为，对照大多数人学习的一般过程和方法，就会有许多新的认识和发现。"合作学习"是课改之后被称为"转变"了的学习方式，自有其特定的内涵。但现实中误解、滥用这一概念和方法的比比皆是。以为"合作"就是"分组"，"合作学习"就是课堂讨论，致使科学的学习方法被粗糙的一般方式所取代，劣币驱逐良币，平庸解构了高雅，进而也解构了课改。实际上，"合作学习"是理科学习中小课题研究的方法，一般不适用于短暂的课堂活动。而从基本的常识看，不论是课堂还是平时的学习，主要靠自主独立的个体阅读、思索和践行。小组交流则最多是在学有所得之后的交流、碰撞，进而促成新的发现和提升，若把它作为课堂学习的主要策略和方法显然违背基本的常识。

三是经由思考和实践。鲁迅先生在《拿来主义》一文中说："我们要运用脑髓，放出眼光，自己来拿。"意思是，在学习、借鉴古代和外来文化问题上，科学的方法是，必得稍稍过一下脑子，作一点思索，换一下视角，不要盲目附和跟从。但课改之后，现实教育中的盲从风气似乎大有泛滥之势。比如，如今"三维目标"大家都口耳相传，引以为"绝对真理"，但如果我们基于任一学科的课堂教学实践作一点思考，疑问立马就会产生：普通的一节课应该可以引导学生掌握一定的知识，培养一定的能力，积累一点素养，但若要求教师每一节课都能提升和改变学生的"情感、态度、价值观"，还要能够让外人观察和测评出来，这既匪夷所思，也无从操作和落实。这样的理念的产生和风行本身便说明，就课改而言，教育教学中言和行、理念和事实之间的距离有多么遥远！而某些经由媒体和其他方式炒作而一夜爆红的"模式"更是被某些学校不分青红皂白地追逐、效仿、借用。这些所谓的理念以及对其的盲从，带给现实教育教学的误导害莫大焉！

办学理念是学校文化的一部分。学校文化是一个学校的根和魂，是学校历史的积淀，它的产生，不是一日之功，也不是一人之力；需要假以时日，需要众人拾柴，需要代代积淀，更需要耐心和坚守。从这一角度讲，有时候，或者说更多的时候，学校的办学理念不是校长心血来潮的灵感发现和顿悟，而是学校和教育发展到一定阶段和时期的水到渠成。

校长，首先是教师之"长"

当我们说校长不是行政官员的时候，实际就是约定俗成了一种理解，校长的"长"一定不是"首长"的"长"。当然，教育生活中也一定不是所有的校长都认同这种理解，也不是所有的校长都践行这样的理念。那么，校长的"长"是什么意思呢？我理解，校长是学校"首领"。什么叫"首领"？《辞海》释为"集团的领导者；为首的人"。无论"领导"还是"为首"，这学校中的"首领"，都一定是相对于一群人而言的，没有这一群人，又何来这一校之"长"呢？那么，在学校中，校长领导的这一群人，主体应该是谁呢？教师还是学生呢？我以为是教师。道理很简单，就学校教育而言，校长一般较少直接面对学生，面对学生、直接实施教育教学的是教师。

正是基于这样的理解，当有人问起"你心目中的好校长是什么样的"，我总是毫不犹豫地回答：好校长就是将自己所在学校的教师发展好了的校长。

这道理非常简单。教师即教育，没有教师，就没有学校，也没有教育。所谓好学校一定是因为好教育，好的教育教学自然来自好的教师。所以，多年前，有人声称学校中"学生第一"，政治上虽然正确，但无视教育的基本事实和规律，这是典型的哗众取宠。而且，这一"口号"也直接引发了许多负面的教育倾向，比如择校、抢生源，比如漠视师道，轻忽教师身心健康，践踏教师尊严等。最近两年来，从中央到地方，教师发展和教师队伍建设的重要性和急迫性越来越为执政者达成共识，文件频发，声势不小，这实际是回归教育初心，步入教育改革发展的正轨。

有一句国际教育公理：一个好校长就是一所好学校。古今中外，似乎暂无例外。我理解，当然也是我观察分析得出的结论，这里的"好"，集中到一个点上，那就是，这个校长一定是扎扎实实地将这个学校的教师发展得非常好的校长，这所学校自然是一所教师非常优秀的学校，而其学生喜欢、人民满意、社会公认的，一定是这所学校的教育教学质量。这质量何来？全靠好教师的劳动和智慧。所以，有人说，什么择校，还不就是择好"教师"？这真的是一语道破天机。观察教育大省、强省的江苏，江苏的南通和常州等地，其基础教育的成功主要取决于校长和教师两支队伍的建设的实力。

那么，校长又怎样引领教师发展呢？

还是要回到"长"的本义"首领"，校长实际应是站在教师队伍的"首位"，"领导"教师成长发展并务实教学的人。校长首先应该是专业成长的典范。这几年，特别流行"领头雁""领头羊""带头人""领军人才"等诸多概念，正是对于教育和万事万物发展规律和本质的揭示。梅贻琦说："学校犹水也，师生犹鱼也，其行动犹游泳也，大鱼前导，小鱼尾游，是从游也，从游既久，其濡染观摩之效自不求而至，不为而成。"这说的是教师之于学生，教之于学；而校长之于教师，又何尝不是如此呢？观察国内一流的中小学，其发展最辉煌的阶段，总是连续有数任校长自身的专业绝顶优秀，而且将教师发展工作做到了极致。

已成专业发展典范的校长应该千方百计地引领和促进教师不断发展。这许多年来，学校和教育在获得从上至下极度关注和重视的同时，也招来条条块块的青睐和事务，有些是必需，有些则是干扰。校长的大量精力和时间，教师的不少时间和精力被耗在这些与教育教学关系若有若无的事端上，不少校长被折腾得团团打转。但也有一些校长理性冷静，异常清醒，"任尔东西南北风"，就是"咬定青山不放松"，狠抓、持之以恒地抓教师发展工作：抓关键的少数，抓师德修炼，抓教育教学素养提升。学校有规划，个人有计划。启动名师培育工程，通过读书、研修、名师工作室、名校跟岗、专家学者来校指导等丰富多彩的活动，充分地、极大限度地调动了全体教师的精气神，教师发展一年一小变，三年一大变。

这样一来，校长的意义和价值就很清楚了。不是"教官"，更不是管控教师的行政长官。所以西方人对于企业主，对于校长，特别热衷研究其"领导力"。至于什么是领导力，那真是百人百解，但共识的一点是，领导力就是影响力，有无影响力的标志就是作为校长的你有没有追随者。

不排除一些校长为了助手或者教师的发展主动退后、"让贤"，结果从名分上来看，很多部下反而超过校长的情况，这不但无损于校长的形象，反而越加表现出校长的卓越的领导力。

教文化的学校一定有"文化"吗？

【说明】刚刚拿到华东师范大学出版社出版的《今天如何做校长》一书，是我撰写的第一部关于学校管理方面的著作，荣幸地被列入该社的品牌"大夏书系"。教过 24 年中学语文，写过许多语文教学的论文，出版过很多专业研究的东西；而因为做过近 10 年重点高中的副校长，又有教研室和教科所甚至还有行政工作的短暂经历，现在又不断地给校长们作一点所谓的"讲座"，于是渐渐萌发"野心"，能不能用一般校长都能理解的话语系统讲讲学校管理方面的基本的道理和方法呢？于是就有了在朋友、专家支持下的这样一部著作。毕竟是第一次，难免有点高兴又有些心虚。但还是冒昧晒出来，供大家批评。摘选其中的片段如下。

经常有校长和老师问我："学校是传播文化的地方，学校本身就是文化，再进行'学校文化'建设，是不是提着西瓜找西瓜呢？再说，听了这么多关于'学校文化'的解说，怎么就没有一个比较权威又通俗易懂的说法呢？"

是的，"学校文化"是一个有着特定内涵同时又有点玄虚的概念，一言半语实在难以将它解释清楚。

记得不久前，我出差到江南某个中等城市，华灯初上的时候，我们一行人走在新城区极为现代化的大道上。两旁高耸的建筑物大多是西洋风格，快速公交站台也是用全英文标志，我们远远地就看到"BRT"的字样。

住进宾馆后，我们发现房间内电视机的遥控器也是普通老百姓难以一下子弄懂的，频道不是用数字标识，而是用英文字母标识。这就是一种文化，反映的就是转型期城市建设和发展的文化。这种文化，说白了是一种因对改革开放、与世界接轨的简单理解甚至曲解、误解而产生的崇洋心态。

很多年前，我参加一所高中的一个小型语文沙龙。这所学校位于苏南经济发展最快的区域，学校是新建的，十分气派。特别引人注目的是学校的所有建筑物和道路都是用其他国家著名大学的校名来命名的，连学生宿舍楼也不例外。同行的语文老师来自全国各地，不少人看后不以为然，觉得这是没有"文化"的做法。我当时以为这至少表达了一种追求和理想，企求引领孩子树立远大的目标，实际上这也是一种"文化"，尽管有点不切实际。

"学校文化"是一个抽象的概念，但这种抽象往往是形之于物质层面的，可以让你切切实实地感受到，甚至表达出来的。我想起美国高等法院一个叫华伦的高级法官在回答"什么是'黄'（黄色读物之类的东西）"时说的一段话："尽管我不能准确地说出'黄'究竟是什么，但只要它来到我的面前，我会准确地判定它就是。"这样一种表述，不仅仅是机智的临时应对，更是一种实情。套用这种表述来描述"学校文化"，我觉得倒也是合适的。

是的，那新城区中的现代气派的大楼不是"文化"；那一个个异国气象的站台不是"文化"；那写满英文的彩电的遥控器当然也不是"文化"；那用其他国家大学校名命名的建筑物仍然算不上"文化"。但它们无一例外地都跟文化息息相关，都显示出了设计者或显或隐的价值取向和文化气息。

不仅如此，学校文化一旦成型，就会形成一种场域，产生一种磁性，它具有一种可以纵横辐射的魔力，对身在其中的人起潜移默化的作用。

多年前在我居住地的附近有两所中学。每天都有数以千计的学生成群结队地穿梭来往。周边的居民和那些摆摊设点的小商小贩总说，这些学生谁是 A 学校的、谁是 B 学校的他们一看就知道。开始我不以为意，学生都穿校服、戴校徽，要分辨还不容易？一了解我才知道，他们说的不是这个意思，而是说两个学校的学生神情气质、待人接物都各不相同，差别非常明显。于是我仔细观察了两所学校的学生后，又去了解这两所学校的概况，特别是学校的历史渊源。我终于发现学校文化对学生的成长和发展有着重要的影响。

如此说来，文化是一种个性，是学校建设、管理、发展的独特品格和风姿。它会表现于学校外在的物质形式，比如建筑物的风格、花草树木的布置等，也表现在学校教育教学的行为特征及教育对象的行为当中。

文化是一种品位，体现发展的高度和深度，体现一种魔力和魅力，给人一种依赖和信任。

文化还是一种定式。文化的产生是一个漫长的过程，它依靠人们有意无意的积累和沉淀，但是一旦具备雏形，一旦稍显规模，它产生的渗透力和影响力比任何行政指令不知要厉害多少倍。所以，学校文化的建设才一直深受人们重视。另外，一旦某种负面的学校文化成了气候，要想拨乱反正，也不知要付出多大的代价。

文化更是一种品牌。学校要成为名校有多种实现路径。但是最厉害的名校，其名气应该是源自该校独树一帜的文化。

美国一位名叫鲍尔的著名企业家在他的《志在管理》一书中说："我的企业的文化就是'在我这个企业做事的方式'。"套用这一表述来描述学校文化，我认为学校文化就是我们大家在这一所学校工作、学习、生活的方式。

这个定义至少清晰地表明了两点：一是貌似玄虚的文化有其外在表现形式，而且是不需要费心劳神就可以把握的。了解一个学校的文化只要观察学校的校长、老师和学生的工作、学习和生活方式即可。二是学校文化带有鲜明的个性色彩。"这一所学校"而不是其他学校，更不是所有学校。实际上，学校是传播文明、教化生命的场所，它的"文化"必须是先进的、优秀的。

学校文化"写"在哪里？

"学校文化"这几年一下子成为教育热点。曾参加某地教育管理名家的评选工作，听数十位校长介绍和展示学校管理的成果和经验，绝大部分都开宗明义正立足文化高度来建设和发展学校。初听甚是惊喜，由一般的权威管理而升格为文化管理，这诚然是教育的大进步和新阶段。但不少校长的陈述，似乎跟"文化"不很沾边，甚至有的提法如文化"建构"、"打造"文化、文化"创新"等，让人眼花缭乱，不明所以，似乎不是在论文化，而是在谈什么设施建设；再对照现实中的学校包括那些据称文化推动发展卓有成效的学校，就更加觉得大家标榜的"学校文化"与学校真实的教育教学场景之间又何止天壤之距。我个人理解，这恰恰是没有文化或者自毁文化的表现。

文化大概更多地理解为"以文化人"，学校文化应该就是以学校之"文"化学校之人。学校之"文"，我以为应该是学校在长期的办学历程中逐渐形成的个性、品质、氛围和精神，它的特点是无形无声，寻常看不见，偶尔露真容；学校之"人"，主要是指学生，当然也包括老师。何谓"化"？是春风化雨，润物无声；不教而教，不令而行。于是，观察一个学校的文化层次，判定一个学校的文化优劣，我以为就应该是从学校中生活的"人"的言行举止、神情态度上来发现。所以，学校文化实际就应该是此一学校中的一群人——学生、老师和校长学习、工作和生活的方式。

在两所相邻学校（一所重点高中、一所职业中学）旁开设商店的店主和营业员说："学生只要在我们面前走过，我们就一下能分辨出他们是哪所学校的学生。"

一位老师从一所学校调入另外一所学校，几年后他写了一段话表达他的感受："到了这个学校，我感觉一切都变了，不知不觉就被那样一种氛围、情境感染和同化了，都在研究事儿，都在看书学习，都在谈着自己班上的学生，没人陪你聊家长里短，说闲言碎语，三年后，我彻底变了一个人，否则哪有我的今天。"

学生常态下的言行态度，原来就是他们学校的招牌和标签；氛围、环境的差异，生活和工作方式的不同，这才是学校的个性和特色。这是真正的学校文化，这样的文化才可以熏染出有个性、富于创造精神和发展潜能的老师和学生。

学校文化是学校历史的积淀，是一代又一代校长、教师和学生的智慧创造，学校文化还是学校一切事物的精气神的凝结，学校文化有有意而为之，更多的是无意而聚成。

它不是文字、标语和口号的堆砌，不是规整的图标和格式化，不是按照标准和体系锻造的标准件；把板着面孔的名人挂在墙上，把不着边际的语录挂在嘴上，可能比不上一位德高望重的校长或者老师的一句训词山高水长，比不上一幢建筑的某一角落的艺术品质带来的震撼和感染，比不上一株历尽沧桑磨劫的大树送来的警醒和提示。

当应试成为教育的主流，当素质成为口号和空想，当文化被人们拿来作为拯救教育的招贴，特别是当有人极端地提出"在中国，最应该有文化的地方就最缺少文化"，我们从事教育工作的，都得思考：我所在的学校有没有"文化"？我们又如何去建设文化？

规律　人性　常识
——教学行为的变革需要坚守的底线

　　几年前，参加一个教学研讨活动，听一位初中老师上课，课上得尚可。甫一下课，她便快速走到我面前，大概因为我坐在第一排，估计我会评课，认真地问："你听懂了我的课了吗？"在发现我一脸惊愕后，她主动告诉我，她这节课是充分体现了课改精神的。她见我依然惊愕，便进一步解释说，这节课是按照"自主、合作、探究"的套路设计的，一节课便走完了所有的学习方式。听完其毛遂式的"自荐"，我只能惊叹和自愧。这惊叹只限于其精神的"无畏"的层面。

　　比如有些模式将课改提出的课程设计的三维目标，窄化和矮化为任一课堂教学的目标，并且还以之为主线设计出所谓的"课改课堂"模式；有些模式过于夸大学生的作用，以为所有的教学都可以"兵教兵"，于是教师在课堂中便无所适从，失魂落魄；有些模式则将学生应该在课堂和学校中的"学习"前置到家庭，孩子在家中苦读、苦学、苦找、苦抄，真可谓"上穷碧落下黄泉"，觅至子夜无停息；更多的教学则是将教材、内容、形式和所有的任务、要求，全都按照"考还是不考"的标准毫不犹豫、大刀阔斧地剪裁、砍削、瘦身，几乎各个学段各门学科均是从入学的第一节课开始就展示终极考试的高傲和阴森，迫使每一个孩子无一不乖乖就范于与教育主旨完全背离的"功利"乃至势利的轨道。

　　课改十余年来，尽管我国教师的"话语表达方式"发生了重大改变，但是实实在在的课堂进步似乎很难一见。甚至有悲观论者还认为因为新旧的交战、两种截然不同的教育价值观的交战，导致教师教育理念和教育行为的自相矛盾，课堂似乎越发混乱了。实际的情形确乎很多时候真的是如此，明明是各类学习皆可运用的学习方式，而且诸如"合作"和"探究"原本是课题研究、综合实践活动的方式，并非课堂学习的方式，又怎么可以机械地生硬地作为一堂课的模式，而且还以为是一种发明和创造恨不能广布天下？

某些模式原本是某些管理层次较低、教师层次较低、学生生源较弱的学校在无可奈何之下的应急之举，在某一个阶段确乎有超乎寻常的提升分数的功效，但是否就意味着这是完全符合教育教学规律，可以放之四海而皆准？还有些模式可能仅仅适合于进入应试阶段之后的临战"学习"对策，怎么可以不分青红皂白、恨不得一下子从小学开始的每一节课都要实施？

某些模式表面上很光鲜，要理念有理念，要"为什么"有"为什么"，但实际对于学生课业负担的加重这件事大家都心照不宣、讳莫如深，于是各方势力"整合"，总结、报告、宣传、推广，一时蔚为大观。但背后学生的心酸、家长的苦涩、老师的五味杂陈，又怎一个愁字了得！

纵观比较流行的模式，一般似乎都有如下一些特点：提法新鲜奇绝，或借用课改新概念，或一改传统旧程式；质量有所改观，或多数同学学习更刻苦，或班级、学科总分有进步。前者为表，后者为里，表里合一，加之总是为应试"张目"的少量媒体的鼓噪，一些模式的风行便是顺理成章的事了。更为重要的是，某些模式迎合了当下社会无处不在的畸变了的教育心理和教育现状。

一是赤裸的功利。用智育代替教育、用分数取代评价的现实，是教育被不懂教育的社会和家庭绑架所致；而假以这种分数和智育的所谓成功博取"名利"，这是教育管理者的二重功利。如今流布相当久远的很多模式，总是以分数和所谓"质量"的短时内的大面积提升为招牌，迎合部分区域校长和教育管理者一夜暴富的"政绩"心理，经由部分无良媒体之炒作，几乎可以说天下风行。这是社会、学校、家庭为着各自的"功利"互动、合谋的结果。

二是浮躁的"创新"。近年来，我也越来越感觉到，很多区域的教育实际早已演化为彻头彻尾的名利场，分数和质量的"暴富"便是评价的唯一标准。在这样的场上，"敲门"的一定是所谓"创新"了的模式、理念和口号，"不管白猫黑猫，捉到老鼠的就是好猫"，这是把经济活动中的法则移用至教育人的活动了。问题是，这些所谓的模式和创新实践究竟有多少"创"，有多少"新"呢？曾与中国教育报一位博士编辑谈起当前课堂教学既"繁华"又"嘈杂"的现象，他说了一句话："实际上，当下无论什么课堂，无论什么模式，上溯三代，都是一个祖宗，一个套路。"大家只要看看在应试的疆场上，人们趋之若鹜、群起效之的那些东西就一目了然了。挂羊头，卖狗肉，换名词，调顺序，偷梁换柱，瞒天过海，玩文字游戏，搞忽悠戏法，这就是教学的创新？我觉得说是对教育的亵渎和反动还差不多。

三是假"人本"以反人性。这许多年来，教育已经成为"口号"的重灾区。课改之后的教育几乎理念满天飞，口号震天响，其特点是，要么走向世界，要么领先世界，要么雄视天下，比的是谁胆最大，谁用词最吓人，至于学校是怎么做的，学生得了什么真的实惠，则另当别论。有人问，当国人都在喊以人为本的时候，教育和学校也是声嘶力竭的，但究竟多少学校真的把学生当成"本"了？山东某一高端校长培训时，组织者将校长们带入青岛海尔集团参观考察时，有校长慷慨发问：海尔生产每一件产品时，总是将消费者利益放在第一位，他们是真正做到了以人为本。我们学校口号喊得震山响，有哪一天真的落到实处了呢？问题是，我们的学校、社会和家庭忘记了被教育对象——我们的孩子是活生生的"人"这一事实，忘记了"人"的教育的基本价值和目的。著名经济学家茅于轼说："教育是最个性化的事。教育的对象一定是一个人，就是受教育的那个人。所以教育是为了受教育者本人。一个人一辈子最重要的是什么？是一辈子过得愉快、丰满、有意义，不白活。这才是教育的最终目的。他不但要有才，能够自谋生路，而且更要有美好的家庭，亲密的朋友，有创造性的冲动，能够不断对好奇心有追求，懂得对美好事物的欣赏。特别是能够判别真善美，而不至于把假的当成真的，把恶当成善，把丑当成美。"（茅于轼：《教育的目的从"人才"到"人生"》）。这就是说，教育就绝不仅仅是为了培养富于工具性的人才，更为重要的是为了奠基每一人才之丰富美好的人生。我们今天不仅是做偏了，做反了，关键就在于我们明明知道这样做荒唐，还孜孜不倦、全力以赴地前行、落实。我们所从事的教育与教育的"求真、向善、审美"不是越来越近，而是越来越远。这几乎是对教育的反动。

改变这样的状况和局面，需要大勇气，大智慧，大魄力。当然就现实而言，需要我们所有人的努力和从小事做起。正如同我们明知道高铁飞奔走反了方向，而且多数人清楚地知道，如何制止、改向，这绝不是轻而易举所能够办到的。所以我经常说中国教育的事，跟中国政治、经济的事是一个道理，进入深水区，利益、势力、思想、观念，怎可能一下子转弯、转轨和转型？所以既慢不得，也急不得。关键是我们要思起来，动起来。

真理稍稍走偏半步，极有可能变成谬误。我以为，教育教学需要模式，需要好的模式。对于学校教育教学问题，课堂教学模式问题，教学创新问题，对于其判断我以为似乎应该设立几条红线，划定几条底线，框定一道高压线。

一是是否合乎规律。规律是事物之间的内部联系，是客观存在的，不以人的意志为转移的。就课堂教学而言，重视"知识"和"技能"，重视"方法"和"习惯"，重视"先学后教，以学定教"，应该是规律。而把原本属于"课程设计"的三维目标降格为课堂目标，指望通过一节课就来改变人的"情感、态度与价值观"，那就有可能是反规律的。

二是是否合乎人性。以人为本的基本底线是尊重学生的"人性"，学生尽管以学习为主业，但学生仍然应该有自己的生活、自己的爱好、自己的享受，应该有他此一阶段完整丰富的生命形态。他不仅应该有校园中学习和生活的快乐，而且应该有家庭和社会中交往和生活中的快乐。当我们把学习中的大量的任务和负担转移转嫁到家庭，让孩子视家庭为学校，以为学生生活的一切就是学习，为之可以日以继夜昏天黑地，这种知识教育的过度化不独是反教育，而且反人性，结果必然是毁了孩子。当前，"慕课"和"翻转课堂"正逐渐进入学校和课堂，其优势正在被广大的教师所发现、认可，但假如这样的"开放"和"翻转"被有些学校和个人"念歪了经"，将其理解并操作为学校教学的"家庭化"，我个人以为，终有一天也会走到这种理想设计的反面。

三是是否合乎常识。某些区域的教育在某种猎奇逐艳的所谓"改革"中早已脱离了根基和原点，甚至南辕北辙了，我曾经说拯救现实教育需要理性和思辨，需要回到本真和常识。反思我们自身对于专业学科的学习，直到今天，几乎没有例外的都是独立自主地阅读、思考、练习而获得进步和成功的。既如此，我们为什么会在课堂中一味地无限地夸大"小组"和"合作"的神奇作用呢？甚至还有人慷慨喊出"孤独可耻"的口号，把它作为学习模式的"张本"。买椟还珠，舍本逐末，不能推己及人，置常识常理于不顾，这要么是不懂，要么是故意，不懂是认知水平和能力问题，并不可怕，若是明知而有意为之，那就是居心叵测，做教育而要想以此别有他图，就不仅仅是动机问题，就一定是道德问题，甚至是背叛教育的问题，那于教育于学生害莫大焉。

教学行为的改革和创新最要关注的是"育人"，此人乃立体完整全面发展的人，关注学业和智育的进步很重要，但绝不要忘掉还有身体素质和审美素养等的培育。有人说，这后两方面对于今天的中国学生可能比什么都重要，言辞虽略显极端，但不能说全无道理。而且，教育是一个宏大的社会工程，人的培养需要全社会整合力量，集体而为之，以为学校教育就是教育的全部，就是人才培养的全部，甚而以为学校可以打遍天下无敌手，于是狂妄无知地喊出"为了学生的一切"这样的白痴一般的口号，那我们还要家庭教育和社会教育干什么呢？有所分工，有所协作，自甘为一个有限责任公司，做好自己分内的事，这才是实事求是的态度。而这，对于我们现实一刻也不会停息的教学和模式创新，都将有着莫大的启发和教益。

课程标准建设也应该有"标准"

谈起标准，总让我想起前电子工业时期生产机械零配件的工厂，工厂中那些车工、钳工、模具工们。他们只要接过一份图纸，根据相关的"说明"，就可以凭借灵巧的双手，借助相关的工具和仪器，加工制造出指定的"产品"。在这一过程中，图纸上的"三视图"和"说明"就是"工程技术人员"加工生产的"标准"，而这些"工程技术人员"一般就是普通的工人，初高中毕业，也许在上岗之前经过一些必要的简单的学习培训，但肯定不是科班出身。但他们居然能够一眼读懂这些外人看来一窍不通的比较专业的"标准"。这至少可以表明两点：其一，"标准"是一类非常具体的工作指南，只要"标准"在手，生产者就可以精准无误地加工出设计者或者说"标准"制作者所需要的"产品"。其二，那些用以"说明"的标准，是通俗易懂，简明扼要，对于一般的技术工人而言，是没有多少阅读障碍的。

以培养人、发展人为目标的学校教育，当然不是企业里的产品的标准化生产和制造；但就具体的教学实施领域而言，要求老师带着教材，按照一定的规范和"标准"有效教学，则是毫无疑问的。于是，从具体实施教学的教师的角度来说，对学科课程"标准"提出明确的要求，希望"标准"像一个标准，就是再正常不过的。

怎样的标准才像一个"标准"呢？

首先，"标准"的服务定位、适用对象要清楚。

一个简单的常识是，"标准"当然是制定出来给用标准的人"用"的。

首先，标准不是给领导用的。标准当然是要给领导审看，需要领导认可的。基础教育不能超越现实政治、思想、文化发展的背景、生态和层次而"超凡脱俗""超然物外"，落实基础教育目标值要求的标准当然也应该符合国家的大政方针、核心价值追求。所谓"符合"，是要求相关教育的表述，其体现出来的主旨与方针、政策、价值的"契合""一致"，而不是指一定要在标准中出现所谓的号令天下的"政治口号"。所以，领导所审看把关的重点应该是"宏观"和"大要"，不是具体的标准的"微观"和"细节"。其次，标准不是给"专家"用的。标准当然是要让专家来审查和批准的。教育教学本身是科学，而且是专业特征鲜明和发展层次很高的科学，所以它才可以也必须有严格的标准来引领、约束和限制。而这种标准之所以恰当、可靠、权威，之所以能够成为标准，当然需要具有专业水准的专业人士来衡量和认定。但专家的认定也应该是原则性的，应该主要集中于教育方针、学科教学原则、教育教学规律的层面是否适切。所谓"适切"，是指标准的相关表述与科学教育的方针、原则和规律的相符、合规和准确，而不是一定要在标准中大量使用"专家"们喜欢的专业概念、名词和术语。再次，排除了上述的标准的"非使用者"，我们就可以毫不犹豫地说，课程标准是制定出来给两类人用的。一类是基于标准研制教材的人，一类是基于教材和标准实施教学的人。前者一般是学科教育研究的专业人士和一线教师中的精英人士。后者便是中小学老师了。先说按照标准研制教材的人，国内现行教材套数不多，参与教材编写的人数总量千人左右，其中真正的高校学科课程及其教学研究专家不过百人。相对于全国基础教育一线从事"生产劳动"的教师不过万分之一。因此，可以这样说，各学科的课程标准实质上应该就是给一线教学的"教师"用的。

假如这个判断正确，我们就要来研究一线教书的教师的特点以及他们对于标准的期待和要求。

我国教师的总体现实状况究竟怎么样？

首先，一线教师不是"领导"。我们可以要求一线教师有宏观视野、战略思维，有政治觉悟、思想品德，但没有办法要求所有的教师都能用领导的高度来审看、俯视课程标准，作为标准的执行者，就像一个火车司机，它只要按照一条合乎教育大政和原则的、不偏不倚的、"标准"的轨道，驾车稳步前行就可以。

其次，一线教师不是"专家"。尽管我们这许多年来，用尽多种心思，培育了不在少数的"专家型"教师，但真正的教师专家仍然占比不高。也就是说，多数教师应该是实实在在的操作工，于是，用专业的、专家的高标准和高水平来要求一线教师，既不可行，也无必要。教师只要按照符合专业科学又能够被理解接受的标准"指令"，把握好教学的方向、路径、技巧和策略就可以了。正好像车床工人面对那一份三视图和几点简要的说明就可以实施机床上的操作一样。他不一定非得去查考理论，也不一定必须追问"为什么"和"所以然"，尽管那十分重要。

再次，我国教师总体专业素养并不是最高的。尽管有这许多年来的"本科化"，但很多的自学考试和函授教学注水不少、含金量下降，其中绝不排除有不少卓越者艰苦卓绝的努力，达到较高的学养水平。尽管近年来，中小学掀起比较强烈的"教育硕士"潮，但即使排除"速成"的因素，从实践领域看，还是有许多"水土不服"之处，价值难以分辨的"教育理念""教育理论"即时效应不彰。而追究我国改革开放以后的师范教育，课程论、学科教学法和相关教育教学理论的教学，系统性欠缺，实用性不强，很多教和学生吞活剥的成分居多。实际上，一线教师的教学能力和素养往往都是在走上工作岗位之后，靠自己实践、探求、请教、受训和偶尔获得的一鳞半爪的"指导"实现的。可以说，中国教师中的绝大多数都是比较缺乏理论素养的。这一问题长期存在，而在上者也通过大量的教研、科研、培训培养工程，欲求得实质性的解决。现在看来，效果并不明显。其原因有多种。一是现有理论中究竟有没有或者说有哪些教育理论能够较快地解决教师的理论素养问题，似乎学界尚无定论。一个几乎业界都心知肚明又难以言说的事实是，不少院校培养出来的专业硕士和博士在一线从事学科教学工作，整体效果并不很理想。这至少说明，纯粹的理论学习和研究与教育教学的实践之间并不完全是居高临下的领导和指导关系，未经由此时此地的现实验证的某些"外来"的理论，还是需要与实际"结合"才能发挥作用；或者理论是优秀的，只是院校中关于理论的教学和研究存在问题，其指向和取向不是现实而是脱离现实。二是理论家信誓旦旦的教育言说、理论传布似乎很难打动那些早已形成"实践至上"之思维定势的教师，包括较为优秀的教师。三是当下教育生态特别是应试生态的持续恶化、学校管理包括教学管理的繁琐严苛，使得多数教师的教学生活空间逼仄、闲暇无存。科学理论的学习恰恰需要注意、持续、静心、着力，这一切都使得教师专业理论学习、实践反思和素养提升变得如"雾中花""水中月"一般"看上去很美"。也就是说，从现实看，面广量大的中国教师的整体水平尤其是理论水平并不是很高的。当然，我这里绝不是就此否定我国教师的整体素质，因为在我看来，教师的素质主要体现为实际的教育教学的能力和水平，而这与一般意义上教育教学理论之间并不完全正相关。

假如认同上述对于教师现状和特点的分析，那么我们就可以对课程标准提出适合于这样的教师的基本要求。

第一，内容需十分精要简省。

对于一线教师而言，课程标准就是要解决日常教学中天天遇到、必须解决的实际问题。这个实际问题的解决最好的办法就是通过一个相对的"标准"来实现东南西北、五湖四海相对统一。由此，以下问题就显得异常重要。

要说清本课程及其目标究竟是什么。这里要弄清楚的实际又有两个问题。其一为课程的性质。该课程是一门什么性质的课程？其对于学习者的价值意义体现在哪里？其二为课程的目标任务。第一个问题相对比较复杂，因为有些课程的性质一时还存在争议，难以达成共识，比如语文学科究竟是"工具性"还是"人文性"，还是"人文性与工具性统一"的学科，比如德育课程究竟是"知识性"课程还是"实践性"课程，等等。未能达成共识的，是否可以暂且搁置争议，求大同存小异，暂取其中稍多认同的一种，也或者就暂时不在此中"验明正身"，因为这似乎也不十分影响教师教学的实行。第二个问题倒是必须明明白白清清楚楚地阐述。因为这是教材编者和教学者所有工作的意义和价值所在，一旦含糊，一切的工作开展将会是"盲人骑瞎马，夜半临深池"。在某些课程标准中，这一问题却解决得不很彻底，不很到位。以高中语文课程标准为例，这一部分表述，杂糅、重复、交叉之点很多。至少本课标有三处是跟"目标"相关联的："课程理念"中的三点内容，至少前两点所言是语文课程的目标任务；"课程目标"自然是直接言说"目标"；"必修课程"中两个部分，共计21点，所言又是属于目标任务。总分目标相加，有数十点均言目标，占了全课标体量的50%以上，这似乎有点比例失调。如此而为，难免的结果是，多目标也就是无目标，当一门课程想要把教育的所有目标都包罗穷尽时，这一门课程也就不是课程了。问题是，不仅如此，即便是这些"目标"的表述，也颇多大而无当、空洞无物之语。像"积累、整合""感受、鉴赏""思考、领悟"这一类几乎都属于语文学习方法层面的概念居然用以描述目标，不混乱怎么可能？而如"课程目标"第三点最后"乐于进行交流和思想碰撞，在相互切磋中，加深领悟，共同提高"这一类几乎随处可见的表述，与"目标、任务"毫不沾边。可以想见，这样的目标，这样的云遮雾罩的"目标"，不知究竟想要告诉我们什么。如果是编教材的专家，可能慧眼识真，还能拨开迷雾，找见真身，苦的是一线教师，实在茫然无所适从。前面所言，教师们不将"课标"当标准，这是至为重要的缘由。

要阐明本课程的内容范围如何。课程标准最为重要的标准，可能应该是内容的标准。当然这个内容其主体应该是"知识能力系统"，有专家认为一门没有知识体系的学科难以成为学科和课程。我个人是认同这样的观点的。以高中语文课程标准为例。这十余年来，"体验"学派、"生活"学派和"无知识体系"学派，将语文泛化理解到了无知无能、"无边无际"又无所不知、无所不能的"道家"境界。但是通观语文课程标准，这一部分显得"力不从心"，既没有有关知识能力系统的规定，也没有选文内容和范围的限制和要求。仅在"选修课程"部分，少有几句提及诗歌文学如唐宋元文学、现代诗歌，史传作品如《史记》《托尔斯泰传》，文化论著如

《论语》《孟子》等。至于必修教材关乎选文、语文知识和文化常识的表述一概阙如。研究香港的语文教育发现，其教材编写指南严密细微，教材选文，篇目都有明确规定。我们标准中此内容的"阙如"，一方面表明这一工作的难度系数较大；另一方面也表明我们对于课程诸多问题的认知和理解还存在着极为重大的分歧；更说明我们在语文课程建设领域还有多少"万里长征"。没有一门课程教学内容的规定性，此门课程的教学究竟如何实施？这样一门课程的基本目标任务如何确定，又如何完成？更为可怕的是，这门课程的教学者又要承担多少心理和教学压力？这些问题都是令人费思费解的世纪难题。

按照道理，标准就是标准，一锤定音，不搞拖泥带水，尤其不需要阐述和论证"来龙去脉""前因后果"。因为既然是标准，就是国家规定了必须执行和落实的东西，不需要讨论和争鸣。但是看不少学科的课程标准，定论的东西不多，阐述和论证的内容不少。好像很多的观点和理念，标准的研制者自己也没有自信，还是需要反复地充分地论证了才能让人信服。既然如此，读者和使用者阅读后，就有可能、有理由找出你论证的"问题"甚或"漏洞"来与你商量和讨论。这也是我们一些课标总是遭遇质疑、挑战和批判的原因。在各学科课标中，语文课程标准这种倾向最为明显，这要么是语文专家喜欢谈玄论道，要么表明语文课程的少共识、不成熟。

不该定论的却要定论，不该多说的却又要多说，该呈现的未能呈现。从这一意义而言，课程标准的研制作为一项十分严肃的科学工作，也应该有自己的规范和标准。

第二，表达应尽量平白简洁。

如前所说，考虑到标准的适用对象以及对象的基本状态，课程标准应该更加通俗平实，更加明白晓畅，要让一般教师特别是年纪较长的教师和刚刚走上工作岗位的年轻教师能够不费很大力气就能看懂、理解甚至掌握课标和课标的要义。

相较于中国校长和教师专业标准，我总体觉得各学科的课标过于专业化，过于学术化，过于经院化；相较于其他学科的课标，语文课标"书生气"较重，太理想化。别的不说，翻看任一学科的课标，专业名词和概念术语几乎无处不在，尽管有些表述已经"至今已觉不新鲜"，但对于大量的农村教师和边远地区的教师，尤其是学历层次较低的教师，还是如看"天书"。所以，遇到问题，想从中获得"仙人指路"，却遭逢"仙人掌"，当然就会避之犹恐不及。也正因为此，课改以来，特别是每一次课程标准公布，都会掀起一波波"培训"的热潮，也由此催生出一批批所谓课程标准"解读"的专家。

但问题是，这样的培训、这样的解读，究竟有多少实效？似乎少有人考量。首要的问题是培训和解读的专家。所谓专家，一般都是地方上的"教科研人员"和一线的专家型教师。这些专家，也许教学及指导的确可谓专家，但就新生的"课标"而言，他是否有深入研究，是否真有心得，是否真心拥护，实在难以判断。假如专家本人并未参与课标研制的相关工作，不知道其间的背景因素，不了解那么多深奥难懂的名词术语的学理阐述，他何以对这样一个带有国家教育"大政方针"色彩的"课标""信口开河"呢？即便可以，也还有第二个问题。那就是培训中的不同的专家观点问题。每一次培训，总要有数位专家同台"论道"。虽不是"华山论剑"，却也有比试、显摆的味儿。专家们总要各显其能，各展雄风，把自己最为精彩和鲜明的独门秘籍兜售出来。问题就在这儿，不同专家在课标问题上的很多不同观点，让一线教师们特别是层次不很高的教师们又如何是好呢？听谁的？还是得找课标研制的核心专家来"验明正身"，那当然很难。更何况根据我的经历和体会，即使课标核心专家中的核心，有时候也说不大清楚，甚或"越说越糊涂"。

好在我们是一个行政力量依然还很强大的国度，培训的组织实施，都有专业的机构和系统在支持和维护，试想，假如没有这样的系统和机构，又应该如何作为呢？

实际上，关于课标的培训及其"解读"，根本是课标推广中的一个重大误区。这是用"行政"的方式、用政治宣传和号令的方式在对待教育专业的工作。这里的一个重要的启示是，最上乘的策略和办法是组织课标研制专家，编写一个极为权威的"课程标准权威解读"，与课标同步发布，以正视听，以免节外生枝，以讹传讹。当然，最科学也最厚道的做法便是，将原本深奥的一般教师不大好懂的、需要"解读"的所有内容用平实的普通的话语说出来，也就是推出"白话版"中国各学科课程标准。

在表达中，也还有一个容易被忽视的问题。一般学科因为有明确的知识系统和能力层级，内容要求和难度表述问题不是很大，而包括语文学科在内的一些文科课程标准，因为几乎没有具体的教学内容，只有"要求""目标"的"写意"式描述，轻重缓急很难把握。这种"很难"导致的实际结果是，课标中的无论是目标、要求还是策略方法的描述均显得"高大上"，似乎不是课标应该坚守的"底线"要求。阅读课标，一个非常直接的感受是，这些研制课标的专家似乎都不是来自农村，都不是来自边远地区，这些课标，跟我们广大的农村地区、边远地区似乎关系不大。当然，给北上广与西藏、新疆、云南、贵州的孩子定一个标准，本身就是不人道、不厚道的。

在暂时还不能做到"多种课程标准"并行的情况下，调整"课标"中的目标要求，降低"标准"，可能是一种"必需"，因为它关乎的是一个十分重大的主题，那就是均衡和公平。

有鉴于此，课标研制，焉能不慎之又慎？

教育转型，也需要实践智慧、基层经验

梳理这 20 年的基础教育，在外延，在硬件，在均衡，在资源配置诸多领域走过了可以说是极为辉煌壮丽的旅程，就其中的某些领域而言，其变化可以说亘古未有。但是存在的问题或者说痼疾也是世所罕见。比如在教育的内涵，在教学的内容方面，借用一位专业人士的话：西方国家的教育早已换了赛场，而我们还在旧的跑道上拼命。这说得极为鲜明，也十分深刻。"赛场"之"换"，是源自需求之变和科技之化；跑道之"旧"是源自理念之因循，转型之迟缓；而"拼命"则让人不由不联想到古老的"南辕北辙"的经典故事。

尽管互联网、人工智能和量子计算早已深入我们的生活，人类的生活、生存方式以及教育方式、学习方式都在发生翻天覆地的变化，甚至我国经济发达地区的大量的中小学都已经开启了"智慧校园"模式，其现代教育技术装备的水平早已达到甚或超过了某些发达国家，但是，我们所谓的智慧教育和教育智慧都用在什么地方了呢？积淀素养、发展思维还是生成创新能力了呢？都不是，或者说，都不完全是，我们高喊着最先进的教育理念，用最现代的教育工具和手段，做着与 20 年、30 年乃至 40 年前并没有多少本质区别的功利的"应试"。

我们的基础教育为什么左冲右突，就是难以走出困境呢？问题究竟出在哪里？

近年来，各地都在纪念改革开放四十周年，回首两代乃至三代人走过的富民强国道路，总结邓小平及承前启后的领导人建功立业的经验，有很多道理应该说显得越来越明朗，越来越发人深省。比如说，人是最可宝贵的，只要有了人，什么人间奇迹都能创造出来。假如把其中的"人"理解为开疆辟土的豪杰，突破创新的英雄，敢为人先的斗士，这段话简直就是真理至论。比如说，尊重人性、尊重常识。这虽然朴素至极，但倒是真正揭示了人类社会发展的规律，不是说俗人按照常识做事，但最后却收获了圣人的结果吗？说白了，人性，常识，可能才最是生活的本质和规律。比如说，不唯书，不唯上，只唯实。是啊，曾记得当年十余年的所谓探索将全民几乎带入死胡同，艰难的"生民"只能被逼着摸着石头过河，最终改革开放，放出活力，摸出市场；这样的经历一再告诉我们，不要踩着别人的脚印找自己的路；一味按照别人的指引盲目前进，可能会一脚踩空，摔得惨痛。

这些带给教育改革怎样的启示呢？

我以为，充分聚合实践智慧、分析基层经验可能是未来中国教育改革的一个思路。

近年来的教育改革几乎都是学习借鉴了西方教育的理念、理论，总是通过既成的框架和体系，从上至下地贯彻、实施，带有明显的"运动"的色彩，这自然是一统社会推进改革的策略之一；在这样一种改革推进的过程中，几乎所有的带有个性色彩或者说原创味儿的教育教学创新之举，要么难以突围出来，要么削足适履，自愿"降格"也是"升格"，被作为"改革"运动成功的案例，以进一步佐证改革理论和理念的英明正确。现在看来，这一条路走了20年，似乎并不很成功。

我们可否换一个思路，我们的一些教育改革研究者、决策者，是否可以把脑中的所谓先进的教育理念和教育思想暂时全部"清空"？像上世纪70年代中后期的一些经济学家和改革决策者深入安徽小岗村一样，深入基层和学校，走访校长、家庭和社会，发现教育改革从课堂、课程、教学、管理乃至区域教育行政决策突破成功的典型，进而搜罗材料、分析总结，从中获得启迪，获得思路；在此基础上，再借鉴国际教育成功的理念和理论，并经深思熟虑，探索符合中国国情的教育改革发展新路。比如当年的陶行知先生，抛开他的导师杜威的"教育即生活"的高论，通过自己的观察、体验和实践，大胆提出"生活即教育"的新见，这样的富于胆识的教育拓荒者在偌大的中国，一定还是不为鲜见；比如，高考制度改革这许多年来大量的省份都有探索，有些省份连续多年只考3门，结果是学生和教师的负担、学校和家庭的负担不减反增，就是说，在考试门数上的增减和组合上翻来覆去的折腾，肯定无助于基础教育问题的缓解和最终解决，那我们就有必要研究这些现象，从中获得问题的答案并渐近于问题的解决。

相信自己，重视本土的实践和经验，将中国教育的实际、实践与先进的理论相结合，这是毛泽东思想的精髓，也是改革开放四十年的重要理论成果，也许基础教育改革到了调整思路的时候了。

每当反思这数十年教育改革的时候，总想到一句话：你所谓有价值的思想，也许是别人给你脑子里灌的水。不禁让我感慨系之。

| 第八辑 |

透视阅读真谛

读阳刚大美，发理性光辉

——《读天下》宣言

【说明】在我和几个朋友的积极努力下，《读天下》这样一个成人杂志终于被改造而为面向中小学生和家长的专业刊物。"中学版"首期即将出刊，特书此以为卷首。名之为《读天下》"发刊词"或者"宣言"。

这是一个真正的"阅读"时代。

互联网、云平台、云计算、大数据，以及即将席卷天下的"物联网"，几乎人手一部甚至多部的手机、iPad，已经将"阅读"演化为人生的主要存在和实现方式。在车站、候机厅，在会场、车船上，我们低首刷手机，抬眼看视频，可以说，普天之下，四海之滨，几乎没有不阅读之人。所以，当有人危言耸听，放言国人面临巨大的阅读危机时，我要说，非也。假如就阅读的人数和次数，阅读的篇数和字数而言，我国绝对是当之无愧的泱泱阅读大国。

问题是，我们都在阅读什么？

我们总是在浏览信息。信息时代当然要了解世界，关注政事，认知生活，但当有用无用的如暴风骤雨的信息，壅塞我们的视听，淹没我们的思维，左右我们的判断，影响我们的决策时，这样的"爆炸"，炸毁的是我们的智慧思想和完完整整的"自我"。

我们常常在关注"八卦"。我们当然需要娱乐生活，可以关注明星和偶像。但若是在这样的追星和偶像崇拜中，在大量写真和失真的"八卦"追逐里，迷失了自己，消散了魂魄，终有一天，"粉丝"千万，千万"粉丝"，"撕"去的，是所谓星门的一层层的画皮，"粉"碎的，则是少男少女们清纯的梦想！

我们更多在寻觅"技巧"。考试绝招，致富圣经，交友捷径，公关秘籍，这是一个可以把任何事物、事情，任何职业、素养都技术化、实用化的时代，我们的原本神圣、神奇甚或被誉为精神食粮的"书籍"，早已矮化为"出版物"；而这样的"俗物"，有很多也真的是俗不可耐，把应试、应考、应景、应对、应付的实用做到了几乎"巧夺天工"般的极致。阅读如此"俗物"，对有些人，有些人的某一时段，是旱时甘霖，是心灵鸡汤；但更多的时候，就更多的人而言，不过是扬汤止沸式的自哄，抱薪救火般的自杀。

为娱乐至死而读，也有为消遣度日而读；为麻醉自欺而读，也有为获利求名而读。这是阅读吗？如此浅薄、功利甚或吸毒式的阅读，是真正的阅读吗？

看今天的中小学里，不少男孩少阳刚之气，很多女孩缺阴柔之美；生活中，网上"愤青"泛滥，现实中勇义的侠少罕有。这些跟如上所述的阅读，跟阅读的内容、格调、导向有没有关联呢？

真正的阅读是为人生的未来打下精神的底子的。如果说有什么样的课程就有什么样的学生，那么，要求什么样的学生，就需要什么样的阅读！

真正的阅读是要伴着传统精神的。中国人之阅读，当然应该从中国传统文化的经典著作中汲取养分，丰厚底蕴。"文必秦汉，诗必盛唐""魏晋风骨，韩柳文章苏辛词"，其中有"大江东去"，"小桥流水"；其中有人文道义，家国情怀；其中有一腔碧血，浩然正气。我们的"传统"一定也联通世界，古希腊罗马文明，欧美近现代思想，同样是我国文化需要融合的内容；"传统"自然也不排斥现代，现代文明的成果一方面来自传统的传承，另一方面也发展、丰富和充实整个中华文化的内涵。如此阅读，才可以纵贯古今；如此阅读，才真能横跨天下。于是，伴随着"精神传统"，我们当然就可以成长起气贯长虹的中华精神。

真正的阅读是要伴着思考的。"尽信书，则不如无书。""我思故我在。"读而思之，方可以"不罔"。这一方面要求，供人阅读的作品，应该内涵深蕴、功力"强大"；能够引领我们探索科学真理，揭示未知世界规律；能够激发思考、开启智慧之门。另一方面又要求，阅读者必须是思考者，因为只有思考，才可以不被雄文鸿词之强大气场所击倒；只有思考，才可以使"我"在阅读中总是成为自己的主人。唯此，可以顺着或者逆着文章的思路，沿着自己的判断，深入问题的本质，探寻未来的世界。于是，在读思结合中，我们可以成长起明辨真伪、祛除邪魅的理性思维。

当时代、社会、背景和现实愈来愈繁杂、变幻，当工具、技术、手段愈来愈先进、高明，当迷乱、惶惑和模糊愈来愈成为很多人之心里常态，能够让你我获得心灵抚慰、心境安宁和心神清醒的，可能就只有"原点""初心""常识"和万事万物的本真"本质"。而它们又在哪里呢？

在对天下的阅读中，在对万事万物的深度阅读中，在伴随着哲思的深度阅读中。

关键是，你阅读什么，你明天就是什么；你阅读天下，你明天就拥有天下。

阅读，是最好的自我唤醒

做了几十年教育，最为喜欢"教育就是唤醒"的描述。它总是让我想到母鸡孵蛋的过程和情形。一只虔诚、慈厚的老母鸡，沉稳地持久地蹲伏在鸡蛋上，全神贯注，高度警觉，夜以继日。持久蹲伏，那是为保持温度；高度警觉，那是为杜绝"外寇"入侵。偶尔会听到母鸡发出的或急或缓的叫唤，那叫唤，有时是为却敌，有时似乎又是在呼唤和期盼什么。就是在这样的天长日久的"坚守"之后，从某一早晨或者黄昏，小鸡们先后纷纷破壳而出。

一个孩子从走进学校的第一天起，遇上的老师，学习的课堂，不都是在被慢慢地渐渐地"唤醒"吗？老母鸡温和、耐心、持久呼唤和唤醒的，是鸡蛋中小鸡的"因子"；这"因子"觉醒、裂变，生长、长大，终于有一天，竟然敢于迷蒙着惺忪的眼，从黑暗中走出，摇晃着走进阳光灿烂的田园。

那教育"唤醒"的又是什么呢？

我常想，在我们每个人幼小的也是神圣的心房深处，一定居住或者沉睡着许许多多、大大小小、形形色色的精灵。这些精灵，有的崇高伟大，有的浅薄渺小；有的活泼善良，有的阴险恶毒；有的大气磅礴，有的小气局促；有的刚勇彪悍，有的柔弱怯懦。优秀的学校教育，就是通过大量饱含正能量的心智劳动，激活、唤醒我们孩子们心海深处那些优秀的"精灵"。所谓"精灵"，实际就是每个人迥异于他人的优秀的个性、爱好、特长和兴趣点。

这说的是学校教育，实际上，关乎生命个体的成长，还有家庭教育、社会教育和每一个人与生俱来的自我教育。阅读，作为自我教育的一种主要方式，在我看来，则是对于自我生命的最好的"唤醒"。

我读大学，是1978年初。并未读过多少书的我与一批年长我几岁十几岁的长者——有的还曾经是高中语文老师——同窗而学，也不知有幸还是不幸，反正心内短暂的新奇之后便是长久的惊恐。如何才能完成学业，赶上甚或超越这些高不可攀的同学？这是我那几年忧虑最多的问题。有大学老师指点迷津：多读书，读更多的书，读比他人多得多的书！从此，大学生活的主要内容，除了听课、做作业、参加活动，就是借书、读书。那时的大学，受"文革"重创，百废待兴，举步维艰，生活、学习资源严重匮乏。图书馆无甚图书，阅览室无甚阅览。即便如此，我在诸多图书馆老师的鼎力相助下，还是沙里淘金，劣中选优，几乎读完了图书阅览室中的较为适合阅读的书籍；而后是写信求援，父亲从他在上海的单位里借来了成套的《先秦文学史参考资料》《中华活页文选》，远在甘肃的小叔也寄来《古汉语常用字字典》和《康熙字典》。不久后，出版界复兴，文化业逐渐活跃，各种古代文学文化读本联袂接踵而出。我则不假思索，千方百计，几乎买遍了那几年市场可见的所有的古诗文选本。就是在这样的像饥饿者扑向面包一样的"疯狂"的阅读中，我逐渐地发现了我之衷心所爱，在阳刚、浩然，在浪漫、豪放，在激情、刚烈，我明白，原来我心中一直住着一个屈原、岳飞、陆游、辛弃疾一般的民族英雄。

大学毕业后做教师，一边教书，一边读书，读而有感，教而有思，有感有思而有写，逐渐地，我发现，自己之真情所系，在教育、学校，在学生、教学，在语文和语文教育。后来，我明白，我生来就应该是一个语文教师。

再往后，教多了，读多了，写多了，经历多了，忽然，我清楚，自己个性之所长，在思考，在追问，在理性，在对于语文、语文教育、学校、学校教育乃至中国教育的理性思索。今天，我终于明白，我就应该是一个坚守教育理想的思想者。

几十年间迤逦走来，是阅读，助我自认，促我发现，伴我成长。关键是，你最终喜欢阅读什么，是你在漫长的阅读过程中，自然而然地淘洗，而不是有意甚或刻意地选取；你最终对于自我的发现，不是外在强力的开掘，也不是他人功利的诱惑，而是春风吹拂下的湖面涟漪，雨露滋润下的禾苗生长。于是，阅读，它真正是清水芙蓉一般、无雕无饰、最为本真的自我"唤醒"！

你说，这还不是天底下最好的教育？

阅读的丰厚与创造的辉煌

　　阅读，就如同喝水吃饭，几乎是一件必将伴随现代人一辈子的事儿。阅读的最为重要的阶段是青少年时代。因为这是人生奠基的阶段，可以说，有什么样的阅读，就会有什么样的未来。学校课程及其教学，主要解决关乎人发展的素质的通识、共性、基础的问题。决定一个人未来发展高度、长度、亮度的，往往是自主的、个性的、选择性的阅读。那么，对于中学生而言，阅读，特别是课外阅读应该如何选择呢？就阅读对象问题，我以为有三点需要慎重考虑和把握。

　　一是影响很重大。所谓"很重大"，是说阅读内容有益于人的生命成长，有益于未来走向确定，有益于人的事业发展，当然也有益于人的身心健康。这样的要求实际也就是教育的基本目的和目标，即我们耳熟能详的"求真""向善""审美"。现实教育中，单一应试的雾霾蒙蔽了我们原本智慧的双眼，分数、升学变成了学校教育和学生学习主要甚或全盘的追求，"功利""为一己之私"似乎已演变为人生的基本目的和目标。这时候，教育的转型就必须首选从教育的意义和价值的明晰、正名入手，必须从崇高、正义和人性的真谛入手，必须从每一师生的自我体认、自觉追求、自主选择、正能量的提增入手。《国际歌》有言："从来就没有什么救世主，也不靠神仙皇帝！要创造人类幸福，全靠我们自己！"如此，追寻人文和科学这一类宏达、高远，如星空一般的深邃，才可能有我们人生本钱和资本的积攒和丰盈。

　　二是自己有兴趣，或者说衷心喜欢。在学校通识课程学习过程中，在相关各类学校活动过程中，几乎所有的学习者都会逐渐发现自己个性偏好甚或深爱的事物和项目。在学生时代，在不影响或者不太影响学校课程学习的前提下，适度发展这样的兴趣爱好，这是真正的两全其美。有人说，人生最大的幸福，莫过于做自己喜欢做的事。从这一意义而言，兴趣的发现，爱好的培养和发展，才真正是对于人生幸福的最恰当也是最好的奠基。

三是感觉有难度，或者说选择那需要跳摘的苹果作为目标。如今的网络世界，也包括纸质传媒，文字海量，且方便快捷，但其语言表达、内容文意，大多一览无遗，清汤寡水，少创意，不新鲜。陈芝麻加上烂谷子，很多是放馊变味了的"心灵鸡汤"。真正有深度——微言大义，有难度——一眼难见其底，常常觉得读不懂，需要静思、苦酌、冥想，然后一朝顿悟而有震撼和醍醐灌顶之感的文章，实在是少之又少。优秀的阅读者最需要攀越这样的书山，弄潮这样的学海，才可以达到人文、科学乃至人生的光辉的顶点。

满足上述三类条件的文章，从主题和内容方面看，最为常见的是哲学类、文化文学类著作。比如我国的"四书五经"、历朝历代优秀的思想家的著作，古希腊三杰及其后思想家、科学家、哲学家的典籍。其次是优秀的科学幻想类作品。这些著作，从形式到内容，从主题到要旨，难接近，难进入；进得去，难出来；阅读过程中，少愉悦，多痛苦；少顺畅和成功，多晦涩和败绩。但一律触发你的神经，激动你的情感，活跃你的思维，甚至掀起你思维的狂潮，引发你想象的革命。久而久之，你就能静思时如处子，灵动时如脱兔；决策时沉稳如山，执行时机智如水。

于是，人生的第一重要的因果已然确定：正确方向的阅读，终有一天，将成就出创造的丰厚与辉煌。

"有我"：阅读的最美境界

　　"无我"是文学创作中的至高境界。王国维《人间词话》有云："有我之境，以我观物，故物皆著我之色彩。无我之境，以物观物，故不知何者为我，何者为物。古人为词，写有我之境者多，然未始不能写无我之境。此在豪杰之士能自树立耳。"又说："无我之境，人惟于静中得之；有我之境，于由动之静时得之。故一优美一宏壮也。"这里当然说的是诗歌创作。"有我""无我"主要是从诗歌写作者的情感状态表达的显隐来区分的，"有我之境"中主体的情感状态调动得较为充分，表达得也比较直观、情绪化，具有丰富、浓烈的情感色彩和渲染意味，所以一般呈现为"宏壮"阔大的境界。而"无我之境"则主体的情感表达得较为深曲，心态较为平和，所以一般呈现为"优美"深长的境界。

　　与"无我"相关的是"忘我"，是说工作生活中对某事某人某物太过投入、专注，忘记身边的一切包括自己。这是人生的一种至境，总为人称道和赞赏，陶渊明躬耕南山时所言"欲辨已忘言"则又是非常人所能达，有点像道家所言之"太上"和"天地境界"。

　　但世间一切事物，大概都应有两面性。一切之天地境界大概都不是天然而成的，总是一步一步铸就和养成的。罗马不可能一天造出。天地境界首先得从地上生根。"忘我"的前提是先得存在我，"无我"的前面一定是"有我"。假如诗歌创作中总是"无我"，则"我"之创作终不过是昙花一现，因为"我"这个创作主体都没有了，此"无我之境"谁来建构？假如生活学习工作中总是"忘我"，那生命的健康和持续都无法保障，又何以不断地修德立身、建功立业于这美好的世界？

读书又何尝不是如此？

几十年前高考恢复，首年我以应届生身份读大学时，有幸也是"不幸"与早我十余年的"老三届"同学。说"不幸"，是因为我们这些在"文革"中完成基础教育的，几乎可以说没有读什么书，或者说就没有什么文化，在"老三届"面前，便是学生之于老师，差距何止霄壤！于是恶补就成了那几年我人生词典中的核心概念。图书馆中借书，阅览室里饱览，于书店淘书，于公园静读，闲暇时冥思，常常如饥似渴，常常同哭同歌，整个生命几乎都沉湎在文学文化的世界、故事的情景、人物的悲喜中。

但我也看到身边的少量同学，所涉猎的书籍并不少，也常常与我或者与其他同学交流，谈到文学，说到具体的作品，从故事内容到情节，从人物到主题，也总能如数家珍、头头是道，令人折服。但观察发现，他们的阅读别具一格，重点看目录和提要，只是看分析和评论，很少进入文本，又不研读细节，更难有情感、态度的融入。他们的阅读只为猎取"知识"，可资显摆，赢得他者的美誉。这样的"阅读"如果也叫阅读的话，那只能称之为"不在场"的阅读、"无我"的阅读。"无我"的阅读表面上"为他"，本质上是为一己之"虚荣"，其唯一的结果便是陶醉、自足，最终在必须依靠扎实的文学文化底蕴支撑的语文教育世界里难有所成甚或一事无成。

优秀的阅读从来都发生在"有我"之场域。带着虔诚之心进入，边读边思，与自己与熟悉的人事对照；同步歌哭，歌英雄之悲壮，哭天道之不公；换位思考，设身处地，为主人公的命运，为情节发展的可能；错位想象，作品可否有另外的结构？这故事如果发生在古代或者今天又当如何？这人物假如在作恶之前就让他死掉又如何评价？

如此，你会发现，薄薄的小书可以变得如此丰厚；简单的故事可以演化得这样脱俗；如此，你恍然大悟，你已经不仅仅是一般的有眼无心的读者，而且是参与作品创作、促进作品再生的作者。

"有我"，这是真的阅读，这才是阅读至为美好的境界。

整体感、主观性、概括力

2017年9月24日,《参考消息》转引日本《读卖新闻》9月23日的一则报道:最近的一项调查显示,25%的日本学生读不懂教科书,25%的初中生在毕业时仍不具备读懂报纸和教科书的基本阅读理解能力。由此联想到我国中学生阅读的状况。我在不同场合向语文老师了解近年来初高中学生语文能力和素养发展的状况,不少人感觉不到后一届学生比前一届的进步,甚或有人竟然作出一届不如一届的判断。这似乎与日本人的调查有着许多相似之处。

这一现状,当然是许多比较复杂的内外部因素影响所致,但其中不容忽视的,可能还是当下阅读教与学自身的因素。

应试如雾霾,雾塞苍天,渗入学习生活的每一个细胞。语文教学自难以独完。现实中,普天之下、率土之滨,都一律采用"训练法"。语文教师的教,学生的学,几乎都得面对"文本+练习题"的组合。据题读文,因题教文,看文做题,终至于熟练答题,以获高分,早成阅读和教学之常态。就应试的功利而言,不能说没有好处;但就从阅读素养发展的长久计,问题是显而易见的。

重视局部而忽略整体。虽然教学者会从整体的角度要求学生,但由于按照考试说明而设计的多数习题,还主要是关注"部分",关注部分语段,部分语句,甚或极个别的词语,而且答题时,常常也不一定需要对文本的"整体"把握。人的心理总是近简远繁,趋利避害。这类习题做多了,阅读的整体意识自会淡薄乃至消失。当有朝一日进入生活中真正阅读,常常会"一叶障目，不见泰山"，即使见树木也难见森林。

重视分析而忽视概括。社会生活中的阅读，往往需要又快又准地把握关键与要点；而指向考试的以做题为主的阅读教学，却更多重视理解的细致、深入和精准，就文学而言，欣赏、鉴赏能力尤被强调，这一过程中，主要用分析。而精准把握要点的过程，则是反细化而行之，主要用概括。长期疏于概括能力的培养，自难免造成思维的零散性、碎片化。

重视客观而忽视主观。阅读是极具个性的心智活动，带有极为强烈的主观色彩。阅读的基本目标是理解和欣赏，借鉴和运用才是主要意义和价值。因为考试天生的缺陷——无以让人的思维、情感标准化，命题只能强调"客观"和"标准"，所以阅读教学"应试"所用的训练题只能不断出现"从原文看""根据文本"等字样，不断强化学生答题时的"文本意识"。这样的训练，偶一为之，也无甚大碍，但若长期不得带入自己的情感体验，不作比较分析，没有对文本的想象和再造，以创设、建构阅读的"有我之境"，这阅读的意境、情趣，这阅读的启迪、教益，又从何而来呢？长此以往，心灵的充实、精神的丰富、人格的提升，乃至阅读的兴味，又从何谈起呢？

在教育应试、教学应考的当下，一改阅读教学的"常态"，暂时还难以做到。但教学双方的努力共识，因应阅读规律，针对现状和问题，逐渐改良和完善，还是大有空间、大有作为的。其中，阅读者的自觉和正对问题的改进，应该至为重要！

图书在版编目（CIP）数据

教育原乡：寻根与展望/严华银著.—上海：华东师范大学出版社，2022
ISBN 978－7－5760－2770－9

Ⅰ.①教⋯ Ⅱ.①严⋯ Ⅲ.①语文教学—教学研究 Ⅳ.①H19

中国版本图书馆 CIP 数据核字（2022）第 053330 号

大夏书系·教育常识

教育原乡：寻根与展望

著　　者	严华银
策划编辑	李永梅
责任编辑	张思扬
责任校对	杨　坤
封面设计	奇文云海·设计顾问

出版发行	华东师范大学出版社
社　　址	上海市中山北路 3663 号　邮编　200062
网　　址	www.ecnupress.com.cn
电　　话	021－60821666　行政传真　021－62572105
客服电话	021－62865537
邮购电话	021－62869887　地址　上海市中山北路 3663 号华东师范大学校内先锋路口
网　　店	http://hdsdcbs.tmall.com

印　刷　者	北京季蜂印刷有限公司
开　　本	700×1000　16 开
插　　页	1
印　　张	14
字　　数	200 千字
版　　次	2022 年 7 月第一版
印　　次	2022 年 7 月第三次
印　　数	12 101－19 100
书　　号	ISBN 978－7－5760－2770－9
定　　价	52.00 元

出 版 人	王　焰

（如发现本版图书有印订质量问题，请寄回本社市场部调换或电话 021-62865537 联系）